第一书记

驻村日记与脱贫攻坚思考

赵康 —— 著

广西师范大学出版社

GUANGXI NORMAL UNIVERSITY PRESS

·桂林·

图书在版编目（CIP）数据

第一书记：驻村日记与脱贫攻坚思考 / 赵康著. --
桂林：广西师范大学出版社，2021.1
　ISBN 978-7-5598-3047-0

Ⅰ．①第… Ⅱ．①赵… Ⅲ．①农村—扶贫—研究—
遂川县 Ⅳ．①F323.8

中国版本图书馆 CIP 数据核字（2020）第 125219 号

广西师范大学出版社出版发行

（广西桂林市五里店路 9 号　邮政编码：541004）
网址：http://www.bbtpress.com

出版人：黄轩庄

全国新华书店经销

桂林日报印刷厂印刷

（广西桂林市八桂路 1 号　邮政编码：541001）

开本：880 mm × 1 240 mm　1/32

印张：5.875　　字数：130 千

2021 年 1 月第 1 版　　2021 年 1 月第 1 次印刷

定价：54.00 元

如发现印装质量问题，影响阅读，请与出版社发行部门联系调换。

出版说明

一、上编精选驻村日记中有关脱贫攻坚的内容，与脱贫攻坚工作无关的内容，一般不予收录。

二、公开出版的日记中人名均已做处理。

三、本书的部分内容是国家社科基金项目（项目名称：深度贫困户精准识别与精准脱贫措施研究；批准号：18BSH054）阶段性研究成果。

目　录

序

邹文开,北京社会管理职业学院(民政部培训中心)党委书记

党的十八大以来,以习近平同志为核心的党中央坚守中国共产党人的初心和使命,坚持不懈把脱贫攻坚摆到治国理政的突出位置,确定了精准扶贫精准脱贫基本方略。党的十九大报告指出:"脱贫攻坚战取得决定性进展,六千多万贫困人口稳定脱贫,贫困发生率从百分之十点二下降到百分之四以下。"中国脱贫攻坚为全球减贫事业做出重大贡献,为世界减贫事业贡献了中国方案,充分证明了社会主义制度的优越性,是中国特色社会主义道路自信、理论自信、制度自信、文化自信的生动写照。

民政工作关系民生、连着民心,是社会建设的兜底性、基础性工作。党的十八大以来,民政部各部门(直属单位)深入学习贯彻习近平总书记关于扶贫工作的重要论述,自觉把精准扶贫工作作为重大政治任务,革弊鼎新、攻坚克难,积极贯彻落实习近平总书记提出的"六个精准,五个一批"脱贫攻坚具体要求。

北京社会管理职业学院党委积极承担为民政部定点帮扶县选派优秀干部到贫困村任第一书记的重任。经个人申报、组织考察,赵康同志担任贫困村第一书记。赵康同志出生农村、为人忠厚谦

逊、工作扎实、勤于思考、热爱农村工作、三篇农村社区研究论文荣获民政论坛奖、在核心期刊发表多篇农村社区发展文章，具有丰富的农村工作经验和扎实的理论基础，更重要的是听党的话、服从组织安排。

任职第一书记后，赵康同志不负组织重托，发挥自己特长，用老区农村党员喜闻乐见的方式给党员上党课；为驻村设计的光伏发电项目保障了村集体经济和部分贫困户可持续收入；为驻村设计的关爱老人儿童活动中心项目成为遂川县扶贫项目的样板工程，两年不到的时间里，迎来了民政部、应急管理部、国家卫生健康委员会的调研、考察；为驻村申请的高标准农田建设项目给村民增产增收提供了基础性保障。赵康同志用民政为民、民政爱民的工作理念，蹲下身子倾听、站起身来办事的工作作风，公开、公平、公正的行政原则，积极影响了村干部工作作风，提升了村民敬老爱幼诚实守信的民风，深受基层干部和群众好评，三次受到县委县政府表彰，被评为中央和国家机关脱贫攻坚优秀个人。在做好扶贫工作的同时，赵康同志积极投入脱贫攻坚科研。先后做了罗霄山片区脱贫攻坚研究、江西省农村敬老院服务现状调查、农村低保救助对象精准识别研究，深度贫困户精准识别与精准脱贫措施研究课题获得国家社科基金支持。

赵康同志任职贫困村第一书记期间，写了28万余字的驻村日记，记录了他如何融入村民、如何了解村情民意、如何掌握村民需求、如何和乡村干部打交道、如何开展扶贫工作及他对脱贫攻坚和乡村建设的思考。目前，全国仍有大量第一书记在岗驻村，本次出版的节选日记对广大驻村第一书记和农村基层工作者具有一定的借鉴参考作用。

上编

驻村日记(节选)

盆珠村日记

2017 年 3 月 30 日

今天要去江西省遂川县泉江镇盆珠村挂职第一书记了,尽管这个消息早在一两个月前就知道了,但要到遥远的陌生的山区农村工作两年,心情还是有点波动。像当年赶考和到新单位上班一样,我早早起床把之前收拾的要带的物品又检查一遍:读博士研究生期间用过的单人被子、褥子、床单、被罩、凉席、枕头等,平时穿的棉衣、单衣、棉鞋、单鞋、袜子等,毛巾、杯子、牙膏、牙刷、刮胡刀、香皂、肥皂、洗衣粉、鞋刷、衣服撑子、剪刀、针线盒等日用品,订书机、订书针、记录本、签字笔、笔芯等办公用品,还有一台笔记本电脑,足足三大包、两小包,以至于后来到机场托运时超重,不得不用邹文开院长的登机牌托运行李。原计划 6 点 20 出发,不到 5 点半,我就想出发去机场,因为我带的行李多,怕耽误行程。

送我到挂职地点的领导有学院邹院长、民政部人事司许司长、部规划财务司王副司长。他们除了送我,还参加由民政部牵头主持的"罗霄山片区脱贫攻坚部际联席会议"。三位领导都很和蔼可亲、关心员工,给我留下了深刻印象。临行前,邹院长要求我在驻村期间一定要有高度的政治站位,要有在艰苦奋斗的条件下打赢脱贫攻坚战的思想准备;指导我快速适应当地的风俗习惯、处理好与乡村干部及村民的关系、找到当地的优势资源、找准脱贫攻坚的突破口;叮嘱我工作和生活中遇到什么困难及时向学院组织反映。路上,许司长关切地询问我的家庭情况、工作情况及到盆珠村的工作计划等,除了对我工作给予具体指导外,他还宽慰我遇到问题及时向学院或部里反映。

2017 年 3 月 31 日

在井冈山,参加了民政部主办的"第五次罗霄山片区区域发展与脱贫攻坚部际联席会议",民政部黄部长做了重要讲话,发改委、交通部、农业部等其他部委的同志也做了发言,学习了中央及江西省委省政府有关脱贫攻坚文件材料,对罗霄山片区概况有了更进一步了解。会后,邹院长结合民政部领导讲话内容对我驻村扶贫工作做了进一步具体指导。

2017 年 4 月 1 日

下午 2 点左右到盆珠村,随后,村两委班子开了个座谈会。与会期间,大家相互做了自我介绍,之后冯书记对村里的情况也做了简单介绍。

6 点下班后,我看了看这个即将伴随我 2 年的生活环境,晚饭后又查阅了盆珠村的简介,对盆珠村有了初步了解。盆珠村坐落于泉江镇北部,距县城 5 公里,辖 7 个自然村 13 个村民小组,492 户,人口 1820 人,其中贫困户 122 户,贫困人口 419 人,党员 44 人,全村水田面积 1035 亩,旱土面积 150 亩,山场面积 10050 亩,其中国家和省级重点公益林面积 7409 亩。水田种植水稻为主,山场种植茶油、蜜柚等为主。村民主要收入来源是务工收入。村内小二型水库 1 座,3 万立方米以下山塘水库 2 座,右溪河流经本村,遂大公路穿境而过,60 立方米自来水供应池 1 座,通组硬化公路 7.3 公里。本村东与洲上村接壤,南临右溪河与良头村隔河而治,西与坑口村为邻,北接大坑乡灵坛村、黄坑村。

盆珠村村委会坐落在盆珠村主要交通干道边上,三层,每层大约 120 平方米。一层 2 个大房间,都作为门面房租给姓陈的老板经营化肥、蔬菜种子等。二层 3 个大房间,一间村两委办公室,一间扶贫办公室,一间作为会议室。三层 6 个房间,一间作为我的寝室,一间储藏室,一间消防器材室,一间是监控室(监控设备坏了,这个房间有时候也做餐厅用),另外两间连着的作为厨房和餐厅。厨房有农村常见的柴火锅和煤气灶,村里有活动时就同时用柴火锅和煤气灶做饭、炒菜,人少时用煤气灶。二层和三层各有一个卫生间,三层卫生间有电热水器可以洗淋浴。站在寝室的窗边向外望去,隔着一条马路,就能看到一条河。晚上夜深人静时,能听到河水哗哗地响。

图 1　赵康在盆珠村

2017 年 4 月 2 日

早上 6 点,用村委会的煤气灶煮了一碗稀饭和一个鸡蛋。饭后,坐下来查阅前几天在井冈山开会的信息。冯书记(如无特殊说明,2018 年 3 月 20 日前冯书记特指冯镗昭书记)到我房间,坐下后,他介绍了他和他家里的情况。

关于自己的家庭,冯书记很满意。谈到工作,冯书记说,前天在镇政府召开村支部书记脱贫工作会议后,镇政府领导告诉他我即将到盆珠村挂职第一书记,他向上级表态,他会完全配合第一书记的工作,第一书记做全面的指导工作,他具体抓落实,有什么具体任务,他分工到个人抓落实,配合好第一书记工作。

冯书记说,前两天在镇政府开会,镇扶贫办要求村里上报"卫生厕改造"项目,扶贫办强调追责制,谁签字、谁负责,以预防套取项目资金。他说,之前报过数目,这几天再核实一下,既不多报,也不少报。我也强调了这一点,我说国家对脱贫攻坚资金的运用的审查是严格的、持续的,咱们别在这事上出差错。谈到卫生厕改造,他说,现在的老百姓对政府,包括对村两委的有些工作不理解。他还特别列举给老年人发养老补贴的例子,有人认为有的老年人家庭条件比很多年轻人家庭条件好,为何还要给他们发补贴。我给他解释说,个别老百姓对政府的惠民政策存在误解,主要是个别的错误观点影响了他们,这除了个别人觉悟有待提高,也与之前干群关系不融洽、个别官员做事脱离百姓有关。

我给他简单说了我的近期工作思路和总体工作思路。近期工作思路:一是,召开村两委班子会议,我和大家认识一下,了解一下职责分工情况,了解一下村里现有的工作计划和规划以及落实情况;二是,找人带我到各个村民小组走访,尤其是到贫困村民家走访,了解村情民意;三是,召开党员会议,和村里的党员相互认识认识。总的工作思路是,除了做好脱贫攻坚各项任务外,我希望盆珠村在各方参与的情况下,设计一个或多个"既好看又好吃"的项目,好看就是这个项目得到上级和村民的认可,好吃是让老百姓尤其是贫困老百姓得到好处,对盆珠村不返贫、可持续发展有帮助。冯书记当即表态非常认同我的看法,并表示他愿意陪我到各组入户走访。

2017 年 4 月 3 日

中午 12 点,村干部下班后,冯会计(如无特殊说明,2018 年 3 月之前,日记中冯会计特指冯运华)喊我去冯书记家吃饭。从村委会到冯书记家,路上拐了好几个弯,有的路段还很窄,勉强通过一辆车,比北京堵车插队加塞都难走。冯会计说,之前这里的路留得挺宽,有 6 米多,大铲车都能过来,"老表"呀就是这样子的,趁"你"不注意的时候占便宜,现在就剩这 3 米多宽了,这事也和当时的村两委有关,他们不作为呀。

到冯书记家,书记的爱人和儿子出来打招呼。喝了杯水后,冯书记的儿子和我到他家门口转转。从村委会到他家的路上及他家周边的房子大多是三四层,我说:"从所见的房子看,这边村民还挺富裕。"他说:"房子好并不能说富裕,这边的人喜欢建房子,有的人

'抛家离子'在外边打拼了好多年,省吃俭用,回来也就是建房子;还有很多并不是因为自己有钱了建房子,而是看到别人都建这么好的房子,为了面子硬撑着也建,甚至很多人都是借钱或者赊账建的,例如水泥、钢筋、砖等都是赊账。还有就是这边的泥瓦匠比较多,一般都是自己的亲戚或朋友找几个帮忙的就可以建房子了。有些村民建好房子后是暂时不给钱的,建筑队、建筑材料老板到春节时就会来要账。事实上,很多年轻人常年在外打工,大部分房子大部分时间是空着的。"他接着说:"没有孩子的老年人相对比较可怜,过节假日家里冷冷清清的不说,他们的房子也是最差的,这更加显得家庭生活凄凉。"

小冯介绍说,村里有一所初中,一所小学,初中是一位在外边当官的人捐建的,小学是上海一位警备司令员捐建的,这位警备司令员也是本地人,是个少将。

午饭快结束时,冯书记过来,简单客气后,谈到低保的事。他认为,考虑到这几年征兵比较困难,他是优先考虑那些当过兵的或家里有现役军人的为低保户。他这么说或许和我上午说要到贫困户、低保户家看看有关。冯书记说,现在评低保对村两委来说是个困难的事情,上级每年给几十个低保名额,并且都要发下去,但是很多村民家庭条件是不太好判断的,免不了有村民对村干部有意见。曾经有一年的几十个低保名额,按自然村人口相对比例发下去了,在一个自然村评低保户时,有一个兄弟比较多的人说某某应该吃低保,因为他家族人多,没有谁敢当面提反对意见,但有人私下就到村两委告状。最后经过考察和比较,村里把这人的名额给了另外一个真正贫困的人,后来他来村里闹事说,自己在组里评上低保户到村里怎么就被去掉了。

冯书记接着说,村里有的懒人,你给他钱可以,让他干点活,他不愿意,例如有个低保户,家里确实穷,村里计划给他买些鸭子让他自己养,他问能帮助买饲料吗? 这是明显不想养鸭子。

2017 年 4 月 4 日

8 点刚过,冯会计到村委会,见到我说,咱们到村里走走吧。我们今天走的路线和前几天不一样,今天主要走的背街,严格说算不上街,就是房子背后的小路,有的甚至小路都算不上。这次见了比较多的老旧房子,拍摄了一些照片和小视频。路上,两件事引起了我的一些思考。

一是一个五六岁的小孩子故意把一个空奶盒箱子扔到流经她家门口的沟渠里,这个沟渠宽度不到 50 厘米,那个纸箱有一半卡在沟渠里。

二是沿着小女孩刚才扔纸箱的那条沟渠继续走,发现在汇集了其他沟渠、小溪后,小溪越来越宽,水流量越来越大,里边的杂物越来越多,塑料瓶、烂布头、纸箱纸盒、塑料袋、小木棍、装修废料等。再往前走,看到前面更宽阔的地方有 3 位村民在小溪边洗衣服。小溪里的水看着挺清澈。

这两件事引发了我两个方面的思考:一是需要加强建设村容村貌、环境卫生,二是需要加强村民爱环境、珍惜资源等方面的宣传教育。

路上,我仔细观察了一下,现在房子是漂亮,但是垃圾也很多,到处都是,想想也难免。记得我小时候,买东西的包装都是用纸,可以直接再利用,现在主要是塑料袋、塑料瓶等既不能再利用也不能很快分解掉,卖废品不值钱,成为实实在在不好处理的垃圾。

我问冯会计,村里垃圾是怎么处理的。他说现在有两人在负责这事。我问,经费来自哪里?他说,给这两个人低保名额,让他们打扫这几条主干道,不然没人干呀。我问,收集的垃圾放哪里呢,怎么处理呢。他说,现在处理垃圾没什么好办法。

2017 年 4 月 5 日

我到村里第五天,村里召开"脱贫攻坚工作动员会",参会人员有:村委会两委班子、村小组长、村党员、驻村干部。地点在村委会。

会议第一项:冯书记介绍脱贫攻坚内容

会上,冯书记介绍了我的基本情况,主要介绍扶贫工作项目和下一步工作安排。

一、强调各级政府对扶贫工作的重视。县、镇政府先后开了几个会议,都是关于脱贫攻坚方面的。

二、村里贫困现状。针对现在村里的贫困现状,冯书记重点说了村内未脱贫的贫困户 48 户 113 人及土坯房、自来水不通等情况。

三、具体项目主要有 7 项。

1.文化室和卫生室。准备建两层,一层可以作为卫生室,二层可以作为文化活动室,作为大家看书和公共活动的地方。另外,活动室还可以出租出去。

2.美丽乡村建设有关的污水排放、垃圾处理等项目。(1)申请的污水排放治理项目,总长 1860 米。(2)建焚烧炉,解决生活垃圾。依据村庄大小、居民数量等建垃圾场和垃圾焚烧炉。具体建的时候要建立理事会制度。冯书记强调河道垃圾问题,垃圾丢下去了,影响别人也影响自己,再次打捞费人力和物力。以后每家每户都要有垃圾桶,建垃圾站。由保洁员把垃圾送到垃圾站或焚烧炉。上级政府没有保洁员的工资,村里又没有集体经济,就给保洁员低保户待遇作为弥补无工资的补偿。

3.扩建桥。2006 年建的通往赖屋组的桥,现在看来比较窄,需要扩建。

4.户户通路。现在全村还有 1000 多米入户路没有建。政府补助的预算是 45 元/米,要求路面宽 1.2 米、厚 8—12 公分,有特殊要求(如加宽)的需要自己出钱。

5.通组路。溪下到州上,大约 1.2 公里,预算费用 30 万(预算按 25 万/公里计算)。

6.关于 600 亩示范良田项目。这个项目对村民以后种田会方便很多,也是关系到以后子孙后代的好事。

7.土坯房、危房的拆掉、加固和修缮。全村有 89 栋土坯房,对有利用价值的要修缮,危房、闲置房全部拆掉。

另外,冯书记介绍了现在县里工业园区缺少劳动力的情况,县政府鼓励在外务工的回本县务工,在工业园区打工每月工资 3000—4000 元,想想到外边打工也就 5000—6000 元,考虑到路费、照顾不到家里的情况,建议大家回来本县打工。去年有人给县里介绍了几个工人,介绍一个给 50 元介绍费。

会议第二项:赵康自我介绍与工作思路

我做了自我介绍、我的工作思路及两年后的期待。

当我说完我希望大家设计一个"既好吃又好看"的项目后,有人说,要想富先修路,某某路段还没有修,不利于发展产业。有人说,可以申报油茶项目,这里很适合做油茶。有人说,这里山场多,适合搞养殖。冯会计提两条建议:一是建一个澡堂和农家乐;二是建一个养老院,把村里的五保老人在村里集中养起来,对家庭条件好愿意住进来的老人实行收费,维持养老院的运营。

我建议大家建个微信群,微信群的名字叫"建设美好盆珠",有什么事可以在微信群里及时提出来。让大家加微信群的时候,冯书记出去了,冯会计加入了,还帮助两位年龄大的党员加入微信群。当时,加入群的有十五六个人。这个群最多时有180多人。

会议第三项:罗主任讲话

他用遂川本地话,我听不懂。会后,我问了一个干部,她说罗主任主要是让在座的党员、村组长起到带头作用,协助村干部把工作做好。

最后,冯书记提出要求

冯书记说,以上所说的工作,要在7月份全部完成。解决以上问题,需要一段时间,压力也很大,今天把大家召集起来,44位党员,13位村小组长,要共同分担,在脱贫攻坚工作中大家要敢于担当。党员和组长的任务重,要把争取到的项目做好,做不好既没法向上级交代,也对不起盆珠村广大"老表"。我们第一件要做的工作就是拆危旧房,组长一定要配合,尤其是在涉及各位自己组里的工作时,该带头的带头、该配合的配合。在拆危房方面,去年溪下组带了头。拆危房前,开了动员会,没有让上边拆迁队过来,也没有让城管过来,还算顺利地拆完了,说明村民还是理解我们的工作的,还是配合我们的工作的。希望今年能像去年一样。拆了房子需要再建房子的给予优先,一些需要做协调工作的我们做。有的拆房不是那么顺利,有的房子本来就有纠纷有矛盾,但是如果一直放在那,纠纷和矛盾也就一直存在,说不定哪天矛盾就激化了,最后得不偿失。在这一段脱贫攻坚特殊时期,村委会会考虑大家的误工损失,给大家适当的补偿。我们村委会有义务做好咱们全村的工作,各村小组长也有义务做好各小组的工作。油槽组曾经是咱们村村容村貌最好的小组之一,现在在脏乱差方面是第一,希望有所改进。我们有的自然村通过建祠堂增强团结、增加大家的凝聚力,这是好事。

2017 年 4 月 6 日

按昨天县民政局曾局长电话所说,今天是要等刘副局长(民政部组织管理局副局长,挂职吉安市委常委副市长)的通知去县里商讨"民政部加强基层民政工作蹲点调研的事"。7 点左右,曾局长打电话说刘副局长今天有事不来遂川了,今天就不用去县城了。8 点左右,民政局办公室肖主任给我送来电动车和打印机。安装好打印机已经快 9 点了。送走肖主任,准备上楼时,镇党委委员盆珠片张片长带着镇计生办的人来了。张委员看看我的食宿情况,就到二楼办公室了。

张委员指导工作

张委员说，最近上级要入村到户检查脱贫攻坚工作，具体内容包括露厕改造、危旧房改造情况，以及通组路、入户路、自来水等，还包括是否有套取资金嫌疑。冯书记简单汇报后，张委员要求写一个公示栏，写上做了什么事，怎么做的，什么时候完成。完工的项目要按程序及时上报；以后所有材料要提前给赵康书记一份；危旧房改造重建的不能超过三层半。

冯书记跟张委员说，现在比较难搞的是建设项目招投标的事，超过5万的项目都要招投标，招标需要设计费、招投标费，项目还没有建设，就先花去了一部分钱。另外，上级检查工作太多也影响工作进度。

入户走访

张委员走后，我和冯书记按原计划走访贫困户。

第一户是八角组陈某某家。陈的丈夫原来在县城一家工厂上班，40多岁就退休了，陈某某是农村户口，有两个女儿一个儿子。儿子是前年刚结婚，现在在县城打工。陈某某家也是三层半楼房，每层有100㎡左右。

一到她家，陈的丈夫就介绍说，这房子是他的两个女儿每人出5万，借了亲家2万才盖好的，当时自己仅仅出了5000块钱。他说，妻子胸腔有病，要经常到南昌看病，南昌的这个医院是专科医院，报销比例低，才40%多，加上路上开支，每年都要2万—3万，这个医院开的药吉安和遂川的医院、药店都没有。另外，一些常见药在药店买，报销比例也很低。他拿出了很多药盒、药瓶给我们看。另外一个花钱的地方就是呼吸机和氧气机，这两个机器加起来花了 1 万—2 万,一修就是好几百。妻子夜里也经常要吸氧,自己经常半夜起来给她开氧气,关氧气瓶,一个晚上只能休息 3—5 小时。他说,因为没有钱,房子仅仅装修了一层,二层、三层都没有装修。和主楼并排的还有一栋两大间旧房,房后分别有一个三间和一间的小房子,放些杂物。后院养了三四只鸡,有洗衣机、热水器、两辆电动车。

说起盖新房子,冯书记说,陈某某儿子原来要结婚时,不建新房子女方家长不愿意结婚,但是两个年轻人相爱,后来就筹钱建房。因为女方父亲是个泥瓦匠,这样建房子的钱就没有给(这里有个疑问,就是他自己的工钱可以不给,其他人的工钱呢? 据说现在这边没有"白干活"的)。

第二户是李某某,是冯会计的"大娘",五保户,78 岁。冯书记说,保洁工作相对来说活脏、钱少,年轻人不愿意干,只能找年龄相对大点的,但是村里又没有钱,只能安排低保这种权宜办法。考虑到李某某生活困难,村里保洁员不好找等原因,村里就给她安排个低保让她做保洁员工作。因为五保户不能吃低保,给她安排的低保金打不到她卡里,没办法,后来就在冬季给了她 2000 多块钱。

第三户是赖屋组的赖某某,81 岁,复员军人,县农机二厂退休。赖某某妻子是农村户口,赖某某家的贫困户是因为妻子前几年看病花了不少钱,去北京看病三四次,妻子一直需要人照顾。

今天走访三户贫困户,发现两户贫困户档案信息栏里致贫原因存在错误:陈某某家致贫原因是"劳动动力不足",我认为应该是"因病致贫";李某某家致贫原因是"缺资金",我认为应该是"年老体弱"。

图2　赵康(左)走访贫困户

2017 年 4 月 8 日

整理贫困户档案材料。据说整理贫困户资料最耗费时间,也是驻村干部、村干部、帮扶干部认为最没有成就感、最不愿意做的一件事。村干部说,盆珠村已经大规模整理过三次贫困户资料,小范围调整是经常的事。第一次大规模整理是 2016 年 6 月,按县镇扶贫办要求,建立贫困户档案。第二次是 2016 年 12 月,据说是上级检查时发现遂川县贫困户档案资料条理不够清晰。第三次是 2017 年 2 月,据说是学习已经脱贫的井冈山等地经验,重新做贫困户档案资料。因为贫困户档案资料必须手写,不能有涂改,错一个字这一页都要重新填写,这对村干部来说是件挺难的事情。平时从媒体和微信朋友圈里经常看到扶贫干部的大量时间都在做贫困户资料,看来不是没有依据的。

一般情况下,每户贫困户档案资料袋里的资料不少于 30 页,多的有 50 多页。不仅如此,有些资料需要贫困户签字,例如申请书、家庭信息采集表、年度收益确认公示表、贫困户退出摸底调查表、脱贫告知确认书等。签字人还要和贫困户户主保持一致,如果是家属签字还要写上代签。因为每次要求不一样,加上村干部到县、乡镇开会没有做记录的习惯,回来传达时难免不准确,这都是贫困户资料经常调整的原因。另外,个别贫困户因为对村干部不满意或者自认为没有得到应该得到的,例如看到有的帮扶干部给贫困户送油、米、电扇等,他家没有得到,他们就不配合签字,他们哪里知道这是帮扶人自己的心意,哪能买的东西都一样呀。但是这些都增加了整理贫困户档案资料的难度。

对村干部、驻村干部来说,整理贫困户档案资料最难的,无疑是贫困户档案资料信息前后逻辑还要保持一致,例如帮扶责任人的帮扶措施要依据贫困户发展愿望,而发展愿望要结合致贫原因填写。很多人认为这个逻辑是理所当然的,为何说这是最难的?我肯定地说,这样说的人没有在贫困村一线整理过贫困户档案资料。据一位长期驻村的乡干部说,她一天其他什么事不干集中精力整理资料,早上8点开始到晚上10点结束,仅仅整理5户贫困户档案资料,这还不是从"无"做起,而是在贫困户档案袋里有部分资料的基础上做的。从我自己做贫困户资料的实践看,这是正常现象。

2017 年 4 月 9 日

原计划是继续整理贫困户资料,但是冯书记说接到镇政府工作人员通知,最近吉安将派工作组到遂川调研环境污染、垃圾整治情况。我们临时改变工作内容,召集保洁员和村两委干部一起开会。今天主要做两件工作:一是查看镇政府前一段时间发下来的垃圾箱和垃圾桶放置位置,并摆放到位;二是村两委班子成员和保洁员一起清理村内垃圾。

垃圾箱和垃圾桶放置的大概位置,例如垃圾箱放到哪个自然村、哪个村民小组的大概位置,是冯书记定,具体放置的时候,罗主任、冯会计就会提出自己的看法,例如具体靠河边还是距离河边稍微远一点。全村放了 4 个垃圾箱,放了 9 个垃圾桶,每个村民小组保证 1 个垃圾箱或 1 个垃圾桶。一上午就做了这么些事。

下午 2 点半,村两委班子成员和保洁员一起打扫清理村内垃圾。由于上午保洁员清理了一上午,村两委成员主要清理村委会门前街道、对面河堤以及两条主要通组路的垃圾。大家把垃圾打扫、分检、焚烧后运送到山沟里埋掉,晚上 6 点半才结束。到村委会后,洗洗澡,不想吃饭也就没有做饭,写写日记不到 10 点就休息了。看来干体力活还是力不从心啊。

2017 年 4 月 16 日

前几天以整理贫困户资料为主,中间两天和刘副局长去省民政厅开了"加强基层民政部蹲点工作会议"。

县委吴常委、泉江镇叶镇长到盆珠村指导脱贫攻坚工作并走访贫困户。

走访贫困户后,吴常委在村委会讲了几个问题。一是遂川县干部扶贫全覆盖,实行 5—4—3—2 的方式扶贫,即正县级干部帮扶 5 户,副县级干部帮扶 4 户,科级干部帮扶 3 户,一般干部帮扶 2 户,所有的贫困户都有帮扶责任人。二是新农村建设一定要选好点、做好事。冯书记说已经选好地点,溪下、赖屋、排下、花园 4 个组,总额 30 万,已经分别到账 15 万元、6 万元,另有 9 万还没有到账。三是传达县委关于扶贫攻坚项目推进会会议内容。即,脱贫攻坚所有项目 7 月底要全部完工,工期要倒推,盆珠村脱贫攻坚要走在前。四是关于新农村建设,要干净、整洁、有序,包括垃圾问题、厕所改造,要让老百姓切实感受到实惠。五是问村里是否建有扶贫工作室,到扶贫工作室看了看。

关于贫困户问题,冯书记说,有的贫困户家里的房子并不差,致贫原因主要是建好房子后,因病、因丧、因残等原因致贫。

关于土坯房问题,冯书记说,如果能用,且自己愿意维修,包括加固、涂白等,可以保留。

关于土坯房问题,吴常委认为:首先是把房子分类,是维修还是拆除。其次是要确定拆除房子的补偿标准。最后,要注意做对比,就是拆除土坯房前是什么样,维修或者拆除后是什么样,也就是让大家知道拆除土坯房后村庄更整洁漂亮了。

接下来走访了吴常委帮扶的两户贫困户、叶镇长帮扶的一户贫困户。

第一户冯某某家。冯某某是个孤儿,母亲因看不惯父亲的行为改嫁了,父亲因故去世后,跟着爷爷奶奶生活,户口本上 1 人,前年(2015 年)考上赣州师范学院,上大学时享受了雨露计划,现在享受低保救助每月 270 元。爷爷在洲上小学看门,工资每月 2000 元。

第二户是郭某某家。郭某某的儿子 2014 年考上南昌大学,丈夫 2015 年因病去世,有一个 6 岁的女儿下半年上学。她本人在县城沙子岭打工每月 2000 元左右。家庭有 2 人享受低保,每人 210 元。我看她家贫困户资料,致贫原因是缺劳动力。我认为这不符合事实,因为 2014 年评贫困户的时候,她丈夫还在,如果生病了,应该是因病致贫,如果没有生病,夫妻二人带两个孩子在农村很正常。就郭某某本人来说,165厘米以上的身高,看着比大多数农村妇女都健壮有力,据说她丈夫在生病前也挺能干。

第三户是冯某家。到冯某家时,只有他的母亲一人在家。冯某夫妻都在外地打工。贫困户资料信息显示,冯某是肢体四级残疾。冯书记说冯某的脚趾有受伤。看到他家的房子,吴常委和叶镇长都认为这一家房子建得太好了,他俩交流着说这样的家庭不应当评上贫困户。据我这几天在本村的观察,冯某家的房子及室内外装修在本村排名比较靠前。走访冯某家时,刘委员和王委员都没有到现场,冯会计仅仅在门口照了几张照片就出去了。冯书记介绍说,冯某夫妻两个的兄弟姐妹都很富裕,亲戚考虑到他们生活不容易,为了解决长期问题,他们就筹钱给他建了这套好房子,免得以后操心。结合这几天走访查看贫困户资料信息发现的问题,我给冯书记建议,有必要查清贫困户致贫原因及帮扶措施。

2017年4月17日

上午一上班,冯书记就让大家看关于环境卫生的明察暗访结果。盆珠村有两个点被曝光。冯书记说,之前村委会要求镇政府在本村建垃圾中转站,并承诺建在哪里都行,村里负责征地。当时镇政府考虑建在隔壁的洲上村,但是洲上村两委不愿意建在洲上村,他们以征不了地为由,使得建垃圾中转站的问题不了了之。这让我想起,上周五冯书记和罗主任在镇政府开会回来后,通知村两委全体成员第二天8点在村委会开会,并要求村里3个保洁员都参加。冯书记的积极性挺高的。但是冯书记看到今天被通报,并且被曝光的一处是供电所的一根电线杆(不属于村两委管辖,冯书记之前给供电所说过让他们拉走),曝光的另外一处垃圾远不如其他乡村严重。垃圾曝光涉及年终奖金和卫生经费的问题。这或许都是冯书记生气的原因。

看到这种情况,结合这几天村民给我反映,村里集中收集的垃圾拉到山沟里随便丢放,污染了水源,而村干部说不这样处理又能怎么处理呢。我有个疑问,上级政府对农村垃圾堆放有要求、有检查,但是上级不给最终解决垃圾的去向,而村委会没有经济条件解决这个问题,那么垃圾最终放哪里去、怎么处理呢?

我对农村垃圾处理及环境检查的建议:

首先,从根源上劝导村民不乱丢垃圾,建议本村制定村规民约。

其次,什么样的垃圾堆放曝光,什么样的垃圾堆放不曝光,应该有个标准,或者让乡镇干部现场告知村干部大概什么情况曝光,这样村干部就会有工作标准。否则,会打击村干部工作积极性。

最后,这样随处或者说随意填埋——据说西部山区乡镇都拉到山里随便丢弃,不是解决农村生活垃圾问题的长久办法。建议参考城市处理生活垃圾的办法处理农村垃圾。

2017 年 4 月 18 日

陪杨县长到营盘圩乡检查工作并走访贫困户。杨县长在营盘圩乡梅珠村有 5 户帮扶对象。

第一户,家里五口人,夫妻、父母、一个孩子,其中户主不到 40 岁,是村民小组组长。据他自己说脱贫没什么问题。

第二户,户主是中年妇女,丈夫前几年去世了,儿子 2016 年大学毕业后在福州一个中学当老师,女儿在乡中学读初中二年级。与周边邻居相比,她家居住条件并不好,据说房子是丈夫去世前建好的,丈夫去世后,家里就没有用在房子装修方面的钱了,人已经住进去了,但是里外都没有粉刷。据她自己说,她现在在福建打零工挣钱,每个月也有几百块钱。现在她家的问题是,按政策规定,儿子已经是学校老师,那么家里人就不能享受低保政策。杨县长的意见是,让中年妇女在县城(工业园区)打工,哪怕打工半年呢,收入也够脱贫标准了。我个人的两点看法:一是,能不能脱贫和家庭人口及家庭成员个人收入有很大关系;二是,享受低保政策和户籍人口的处理有很大关系。

第三户,家里五口人,父母,夫妻,一个女儿,有一个老年人常年吃药,儿媳轻微智力障碍,女儿明显智力障碍且肢体残障。杨县长说,这种家庭的脱贫办法就是增加低保名额,增加保障额度。

第四户,年轻夫妻,父母,儿子,女儿,其中女儿在外地打工,儿子还在上学。在交流过程中,中年男子说在福建打零工,一年收入

1万元左右。杨县长建议他去县里打工,他不愿意去,杨县长问他为什么不愿意去,他不说。村主任和驻村干部说,这人很有本事,自己经常承包周边的活,再转包给别人或者雇佣别人一起干,这样很能挣钱,例如他承包活计算劳务费用时按照每人每天120元要工资,实际支付工资时是按照每人每天100元,剩下的都是自己的。村干部和驻村干部说,你这收入不止1万元,3万--5万也不止吧。他不再说什么。从他家出来后,杨县长表示对这件事很有意见:首先,为什么给他贫困户待遇;第二是这种不说实话的人令人担忧。看来,总书记说扶贫难,找准贫困户也很难,是有依据的。我认为,这种人吃低保肯定有问题。

第五户,一个退伍军人,并且之前是一个行政村的村主任。从他家住房和室内家具看,他家条件应该挺好。大家看了看,就走了。

到乡政府后,杨县长关于脱贫要求:脱贫任务是重大任务,并举例说某乡的一把手因为脱贫不力,加上验收检查时农户没有说实话被就地免职。

关于村里扶贫项目,要倒推工期和时间,要记住7月底检查验收。这就要求三天一总结,七天一汇报。

关于贫困户脱贫,一是一定要有具体的脱贫方案,最好能打"长工",这样的话,收入好计算,如果在家打零工,收入不好说,尤其是个别贫困户故意少说收入。二是发挥低保的兜底作用,现在低保线也提高了,通过兜底保障也能脱贫。三是发挥企业对村民的支持,营盘圩乡企业相对还可以,可以动员他们安排个别人打扫

27

卫生,支付工资,保障脱贫。四是贫困户的思想一定要端正,乡村两级把工作做扎实,保障贫困户达到脱贫标准,他们也要实话实说。

2017 年 4 月 23 日

4 月 16 日,杨县长告诉我,最近中国社会福利基金会将带领 10 个社会组织来遂川做扶贫项目捐赠,让我为盆珠村设计几个项目,我征求村干部的意见,冯书记提出 5 个项目大体方案后,我利用下班时间做项目申报书。21 日去省民政厅参加了关于加强基层民政能力蹲点调研会。

上午整理贫困户资料。

下午 2 点半,给自己种的玉米和菜浇浇水。说是自己种的,实际上是我和叶大娘一起种的。叶大娘是盆珠村村民,在村委办公楼下帮助陈老板娘卖化肥、农药、种子等农资品。前几天,在楼下和她们聊天时,我说想种点菜,叶大娘建议我到河边种,那里有好几处荒地,没有人种。我就和她一起到那里把荒草拔掉,把土地平整了,种上小白菜、豆角、空心菜、韭菜等蔬菜,其余一半的田种了玉米,所有的田加起来不到二分地。

准备上楼时,冯书记过来了,他说,卫生宣传栏做好了,咱们去看看吧。我把卫生宣传栏里的内容拍了几张照片发在微信群里,并劝勉大家不但要自己注意村内环境卫生,而且还要告诉家里老人和孩子都要注意环境卫生,不乱丢垃圾。从微信群里反馈的信息看,大家的反响非常好,很多人在群里发言说,这是赵书记来盆珠村做的第一件大好事,希望大家按照赵书记的要求做,为建设美丽盆珠做自己能做的,许多人在群里竖起大拇指。

2017 年 4 月 25 日

看到最近各帮扶责任人有的给自己帮扶的贫困户送东西,有的送钱。我想买几十只鸡给我帮扶的 3 户贫困户,每户 10 只,剩下的我自己养。前几天,去冯会计的养牛场,看他在山脚下养的鸡鸭挺好的,那里也很适合养鸡鸭。我当时也给冯会计说了,过几天买些鸡鸭放这里养,他说可以,并说可以帮助我养。

上午,和冯会计及他爱人一起到县城农贸市场买小鸡。市场上的鸡苗,大多数 1 斤左右,10 块钱一只。我计划买 50 只,帮扶的贫困户每户 10 只,自己养 20 只。冯会计的爱人说,这种鸡苗不太好养,容易生病,最后我们一共挑选了 38 只。给贫困户冯某家留了 10 只,直接放她家后院了。韩某妻子说自己家场地小,有 5—6 只就行了,最后给她家 6 只。刘某不在家,她在电话里说,让我先把鸡放她家,她一会儿回来。午饭后,刘某打电话说,她准备去她妹妹家,大概 20 多天才回来,让我先把小鸡拿走,等她回来再给她吧。下午,我到刘某家把 10 只小鸡拿走,放到冯会计家牛场,连同上午剩下的 12 只,共 22 只小鸡。

图 3　赵康(右)在田间了解村民的养鸡情况

2017 年 5 月 16 日

最近 20 多天,除了参加民政部加强基层民政能力蹲点调研外,我主要是做一些常规性的工作:整理贫困户资料、走访贫困户、解答村民对村两委做事方式方法的疑问,以及随村民看他们想修通组路、入户路、路灯等设计地点,并听他们的建议等。

上午,村两委开会,冯书记提出,大家在一起做事就是有缘,从长远看共事的时间并不长,大家都要珍惜,不利于团结的话不说。提到贫困户精准识别,冯书记说,大家以后做事要按原则办,之前做了一些人情,有人领情,有人不领情。

冯书记传达了 15 日在县城开会的会议内容。

一、关于贫困户精准识别需要注意的问题及现存的问题

1.认真填好贫困户信息。

2.贫困户资料信息不能有错误,不能涂改。

3.逻辑要正确。例如致贫原因一栏,家里没有病人却填写因病致贫,家里没有学生的填写因学致贫,这种现象比较多。

4.精准识别程序不到位。2014 年全县 84 000 千多人建档立卡,很多都没有按照程序做,例如没有群众评议,没有相应的档案资料等。

5.家庭信息不准。例如经省扶贫工作站查实,有的贫困户家庭有享受型小车、有的在城市买有商品房。

6.上报的信息(也就是系统里的信息)和公示的家庭信息不

一致。

7.贫困户是按户识别,不是因人识别。认定贫困户应该是对整个家庭进行评议。

8.按照省扶贫办出台的"七个标准"筛查识别贫困户。在县城及以上城市买商品房、买享受型小车、子女在私立学校上学、自费出国留学、注册有公司、家庭有公务人员(包括事业单位)、长期不在本地生活等家庭不能评为贫困户。

9.系统信息及时填报、调整。

10.贫困率不合实际,偏高,有的地方高达20%(这种现象比较普遍,盆珠村419户,贫困户122户,贫困率高达29.1%。后来发现,七岭村全村366户,120户贫困户,贫困率高达32.8%)。

11.已经脱贫的贫困户仍然住在危旧的土坯房,没有生活用电、没有安全饮用水等。

12.今年(2017年)脱贫的贫困村,今年上报,明年脱贫验收,贫困发生率低于1.5%。这是为了防止有漏评现象,要低于国家定2%的标准。

13.贫困户退出要严格按照"七步骤"工作程序。一是贫困户写申请;二是入户调查;三是各项信息比对;四是村民代表大会评议,要有会议记录;五是第一次公示;六是上报审核;七是对最终结果进行公示。对已经脱贫的贫困户,如果生活仍然困难,要把他们拉进来,否则属于假脱贫,也就是错退。

二、精准帮扶

1.精准帮扶。每户要有具体的帮扶措施,仅仅送钱的没有用,不算帮扶。帮扶方式主要有 3 种。一是产业帮扶；二是就业帮扶；三是解决实际困难，例如治疗疾病，提高报销比例。

2.驻村帮扶。帮扶工作队和工作队长是集体行为。驻村期间第一书记和帮扶队长工作业务要和单位脱钩（主要是指县直单位、乡镇派的第一书记和帮扶工作队长）。

3.帮扶方式。改变之前的帮扶方式，不能大包小包地送东西。

4.驻村时间。第一书记和驻村工作队每月都不能少于 20 天，驻村工作队包括队长和成员。

5.填写帮助日志，要有故事有情节。

6.扩大村集体经济收入。

7.各贫困村要有扶贫工作室。

8.项目扶贫，要有项目资料、档案，要公示。

2017 年 6 月 9 日

4 月 1 日驻村以来，村民意见最大、反映最多的主要有三件事：一是谁家生活条件好还年年吃低保；二是谁家生活条件好还评了贫困户；三是谁家有小车、盖高楼但还是贫困户。5 月 16 日，在镇政府召开全镇评定低保动员会回盆珠村的路上，我给冯书记说，今年一定要按程序、按政策评定低保对象。晚上，我去他家再次提出评定低保这个问题，并说明低保评定政策的严肃性。他说，村里一些公益岗位是必须保留的，例如村保洁员、水库控水员、沟渠除草员等，但是村里没有经费，只能用低保金作为补偿。我建议，是否可以优先考虑家庭条件困难而又愿意做这些事情的人享受低保政策。

5月17日上午,召开村两委班子会,传达镇政府低保评定动员会内容,主要是低保评定要严格遵守"七不保,四从严,五步骤"。

七不保:

一是子女(孙子女)有赡养能力的;

二是雇佣他人从事各种经营性活动的;

三是家庭人均金融资产超过当地月低保标准24倍的;

四是拥有家用小汽车、大型农用车、大型工程机械、船舶等之一的;

五是兴建、购买高档住房或非居住用房的;

六是自费安排子女择校就读或者出国留学的;

七是因赌博、吸毒、打架斗殴、寻衅滋事、长期从事邪教活动等违法行为被公安机关处理且拒不改正的。

四从严:

一是属于基层干部及其近亲属的;

二是家庭成员中有在国家机关、事业单位、社会团体等由财政部门统发工资,或在国有企业和大中型民营企业工作,收入相对稳定的;

三是购买商业养老保险的;

四是户居分离的。

五步骤:

一是对申请低保的家庭入户调查;

二是核对申请低保的家庭的工作、收入、财产等信息;

三是村民代表大会对申请低保的家庭进行民主评议;

四是乡镇民政所、县民政局对申请低保的家庭进行资格审核;

五是县民政局审批。

2017 年 6 月 12 日—14 日

学院党政办张处长到遂川县调研罗霄山片区低保等救助对脱贫的保障作用。县民政局推荐到低保评定工作做得比较好的雩田镇调研。

雩田镇民政所罗所长对于贫困户、低保户及其评选过程、现象,谈了他自己的看法。

一、关于贫困户。现在这个社会,除了重度残疾、重大疾病,只要勤劳、肯干,都能脱贫。现在哪部分人穷,哪部分人不容易脱贫呢? 一是天生有重度残疾的。二是家庭有人患重大疾病的,近几年家庭有重大疾病患者的家庭把钱都花在看病上面了。三是家庭学生多,且都在读初中或高中,这类家庭主要是把钱花在孩子买学习资料和课外辅导上了,现在城乡的孩子都热衷于上辅导班,而辅导费用太贵是众所周知的。

要低保、争当贫困户现象具有普遍性,主要是部分人的思想观念发生了变化,以前是给别人东西有面子,要别人的东西,哪怕是公家的东西,都不好意思,现在反过来了。

二、低保户和贫困户的关系。现在评的低保户总体上比贫困户生活困难,更需要救助照顾。尽管上级各级政府一再要求对贫困户要精准识别,但是真正精准识别筛选时又考虑这样那样的条件,并且要参考 2014 年(贫困户是 2014 年评的)的数据,认为他们错评,剔除他们要找 2014 年的数据,这就比较麻烦,加上每次筛选"指标"限制,例如每次调整不超过 2% 等,基层干部都不愿意调整贫困户,而低保就不一样了,每年 1 次大调整,4 次小调整。

三、低保评定。

(一)谁来评,评给谁。低保救助要求"村民代表评定",村民代表评定低保,肯定有个人感情因素,并且农村已经不是当年的熟人社会,现在的村民相互间很多都不认识,这为村民代表评定低保增加了难度和不公平。全县民政所长开会时,有所长建议村干部统一意见,把需要低保救助的挑选出来。实际上,这被证明是不可靠的方式,因为村干部是村民选出来的,哪些人选他了,哪些人没有选他,他们"门儿清",他们想用低保做人情,所以也是不靠谱的事。当然,上述说法只是说低保评定中的不正常现象,不代表生活确实困难的群体得不到低保救助。

(二)脱贫任务对评低保的影响。对于今年(2017 年)上级政府要求 2014、2015、2016 年的贫困户吃低保巩固脱贫成绩,很多村村民意见很大,例如这些贫困户已经享受了很多国家政策,已经脱贫了,不需要吃低保了。

遇到脱贫攻坚第三方评估,贫困户故意少说收入,就是不想脱贫,乡村干部和帮扶工作人员无法精准掌握贫困户收入和支出。

还有的村委会为了便于开展工作,也用低保名额讨好村民。

诸如用低保名额作为交换条件的做法，不知道对脱贫攻坚有多大作用，同时也应该考虑到，这对"村风、民情"是否有影响，影响程度有多大。

（三）好政策被误用。为发挥低保的兜底保障功能，民政部门要求其他部门配合解决生活困难群体的问题，这样低保附带的福利就多了，例如残疾人有生活补贴、看病报销比例高、上学减免相应的费用、每年减免 10 度电等福利，福利多了，争的人就多了，这增加了评定低保的难度。

四、脱贫攻坚

（一）脱贫攻坚的满意度。脱贫攻坚中，过分强调满意度，以正面宣传为目的导致负面效果的例子很多，这也是部分老百姓不买账的原因之一，这值得深思。

（二）脱贫攻坚评估对基层干部的影响。针对脱贫攻坚第三方评估，为了评估脱贫攻坚的客观性，评估方选择高校老师或学生来评估，出发点是好的，但是他们不了解实际情况，加上个别贫困户以为上级来检查把情况说得糟糕点会得到更多好处，使得第三方评估失去了本来意义，也给基层干部带来了莫大的伤害。

（三）脱贫的秘籍。针对扶贫，把三项措施落实好就足够了：一是务工、就业；二是真正发展产业；三是兜底保障。其他都是凑数，都是花架子。

另外，还谈了其他三个问题。一是，就当了 10 来年的民政所长来说，每年收入也就 5 万元左右，为了工作必须 24 小时开机随时接听电话，加上交通费，即使是骑摩托，为了工作必须的开支每年不低于 1 万元。二是，乡镇这一级的城乡低保救助金额问题。在乡镇这一级，城乡户籍差别就不大了，农村（包括城镇户籍）人之间的关系千丝万缕，绝大多数城镇户籍的人在农村也都有山场和农田。三是，五保老人养老问题。农村五保老人不住敬老院的原因是怕"火葬"。他们住的房子大都是父辈留下的房子，和兄弟几个人共有，给他们翻修房子，因为按照政策规定翻修新建后的房子比原先的要小很多，其他几个兄弟就不愿意。

2017 年 6 月 18 日

刘某，1974 年生，党员，2014 年年底当选村保管员，2017 年 2 月份因家庭负担重、养不起家辞职，和妻子组建乐器团队，别人有婚丧嫁娶、店业开张等事情时，经常请他的团队吹拉弹唱。他比较热情，每次来村委会都会和我聊一会儿，经常要我去他家坐坐，今天约好晚饭后去他家下象棋。

晚饭后，如约来到刘某家，一进门，看到他母亲，身体弯腰有 90 度以上。刘某解释说，母亲 76 岁了，这种情况 10 来年了，每次吃饭都是坐的凳子比放碗的凳子高。这让我立马想起，他弟媳为这位老太太申请低保给我打过几个电话，但是冯书记和王群招等都说刘某和弟弟家里生活条件都很好，刘某收入高的时候每月 1 万—2 万，他弟弟家平均每月收入也不低于 1 万元，这在农村收入的确算是高的。今天看到刘某母亲这个样子，尤其是刘某说他母亲昨天还问是否评上低保了，我还是受到刺激。这再次让我思考，政府的惠民低保指标到底给了谁,应该给谁。就盆珠村整体生活水平现状而言,低保指标是否应该给像刘明母亲这样的"老弱病残"。

2017 年 6 月 20 日

低保评定的第三天(6 月 12 日),县民政局接到冯某对低保评定不满意的实名举报,衷副局长带领社会福利局办公室肖主任等一行,到盆珠村查看冯某家生活情况。先到村里了解冯某家庭成员信息,当时罗主任给她们介绍了冯某家里基本情况,并详细介绍盆珠村这次评低保的过程,衷副局长把评低保户的相关材料复印后都带走了。之后,我们一起去冯某家里了解情况,看了他家的房子等条件后,衷副局长说,他家条件还可以,不是非要享受低保政策的家庭。

村干部说,举报人冯某,他的堂叔是党员,他妻子的堂哥是村民小组长,都参加了评定低保的评定工作,在由 46 人参与的投票中,冯某没有得到一票。村两委班子没有权力单独给他低保指标,班子成员没有谁愿意为他承担风险。

下午,在赖屋组走访时,碰到赖屋组组长。赖组长说,他们这里的路前几年就批下来了,3.8 公里,但后来修这条路的经费被挪到其他地方了。

结合这 2—3 天的工作和走访,尤其是经历了为了修路动员花园组村民置换田地遇到的困难,我认识到,管理好农村需要高超的"管理技术":这里有人情输送,权力的运用,资源挪用,打击报复,对上级工作不配合,自身工作态度不积极、应付了事等。

2017 年 6 月 21 日

早上,花园组冯组长让我去他弟弟冯某家看房子的情况。他弟弟是 67 岁的五保聋哑老人,住的房子房顶漏雨,周边裂缝。他说,其他人的房子都维修了,他弟弟生活这么困难,村委会应该参考帮助其他人的做法把他弟弟的房子维修一下吧。

房屋高标准维修是镇政府统一安排施工队施工,由镇政府统一结账,钱不经过户主和村委会账户。

晚上,冯某打电话问,他能不能吃低保,还问,给不给低保都行,能不能给个公益岗位,保安、看门、打扫卫生。我说,村里没有保安、看门的岗位呀。他说,打扫卫生也可以呀。我说,你不是不能干活吗?他说,打扫卫生这种轻活还是能干的。他问,他家的房子能不能不拆。我说,你留它干吗呢,你那天领着我看那个房子,你自己说都什么样子了,拆掉不好吗?他说,家里乱七八糟的东西没地方放呀,再说,自己手疼、腰疼也没办法拆呀。我说,你有什么东西呀,你看家里就三口人,三层房子,还那么大。你家本来应该挺好的,你孩子也 20 多岁了,把家里收拾干净一点,不好吗?你这样做也会影响你儿子找媳妇啊。实际上,不是我不想给冯某公益岗位,但确实也面临诸多困难。

2017 年 7 月 5 日

这两天(7月4日、5日)分别在国务院小礼堂和中直机关工委参加"中央国家机关驻村第一书记座谈会"。

结合领导讲话、有关同志发言及自己 3 个月的驻村经历,有以下体会。

一是必须持续学习习总书记系列重要讲话,加强理论武装自己。

二是提升自身各项专业素养,加强打赢脱贫攻坚战的能力。

三是第一书记层次高、能力强,转变身份融入当地才能发挥应有的作用。"田间地头"是第一书记的工作舞台。

四是第一书记是宣讲员,用普通话和行动把党的好政策翻译成"方言、土话",落实在当地。

五是新时期的农村工作怎么做:精准发力,因村、因户施策,打好组合拳。

六是脱贫攻坚急了不行,慢了也不行;弱了不行,硬了也不行;有干劲,没方法不行。需要用心、用情、用方法做好脱贫攻坚具体工作。

七是做好脱贫攻坚,选好"扶贫项目"是关键。有同志发言强调,选择扶贫项目,要多思考,旱作农业、水田农业,各自的优势是什么,不足是什么,在调研的基础上结合当地的实际情况策划项目,不要搞"华而不实"的东西。就像某领导列举自己当年扶持周边贫困地区大规模养牛失败的例子：养牛是件"慢"项目，既需要专业技术，又受市场价格波动的影响，同时还面临农户其他劳动收入对它的冲击。

八是把当地党组织建设成为一支不走的工作队，使村级治理迈上新台阶。要立足当地党组织，两学一做要常态化，发挥基层党组织战斗堡垒作用，把基层党组织建设成为致富带头人。

九是当好第一书记。第一书记，要有奉献精神，有理想，敢担当，打硬仗、打赢仗和在困难面前敢作敢为，善始善终，坚守规矩、讲纪律，加快政治成熟，不辜负党和人民的重托、期待。

十是注重协调各种资源，为村里注入源头活水，激发群众脱贫致富的积极性。注重发挥村民的主体作用，把"要我脱贫变为我要脱贫"。

同时，参加座谈会的第一书记也谈了自己面临的困惑和困境。

一是当地乡村干部对当地产业和村民的生活现状习焉不察，而作为外来者，第一书记又不敢贸然判断做结论，导致发展项目不好定。

二是脱贫致富本来是长期发展过程，但是第一书记任职期有限，"家有万贯，带毛的不算"制约着扶贫项目的选择。种植、养殖这类项目周期长、风险高，而且需要花费大量的人力、物力及经费，最后可能显示贫困户收入没有明显提高，而这在脱贫攻坚检查时是不能过关的。

三是有的乡村干部只看重当前利益，对可持续发展重视不够。他们变化很快，做基建、养牛，都很积极，实际是"无利不起早"。有这样的乡村干部,就有这样的村民。在这种地方工作,委屈和"工作量"成正比。

四是当初选贫困户的时候,大家生活水平差距不大,但是经过扶贫项目帮扶后,村民的生活水平差距拉大了。直白地说,生活水平相差不大的两户村民,一户被选定为贫困户,另一户没有被选定为贫困户,经过对贫困户的政策帮扶,一两年下来,贫困户的生活水平比非贫困户的生活水平高出一截。这直接导致,给的东西多了,反而增加了村民之间妒忌心理、加大了干群矛盾。

五是第一书记只有入乡随俗、融入村民,才能掌握更多的信息。有的乡村干部不让第一书记和村民聊天,这就导致第一书记融入难,承诺过的事落实难,开展工作难。

六是为了争取项目、争取更多资金,乡村干部"忽悠"第一书记。申请项目时,乡村干部把预期成果说得天花乱坠,把困难轻描淡写,第一书记没有基层工作经验,预期的困难容易被他们说的预期成果冲淡,最后骑虎难下。

七是清理错评的贫困户和低保户难度大,因为现在农民的收入、存款、车、房等资产难核实。

八是脱贫标准不明确,地方政府对脱贫标准层层加码,层层增加项目,在具体工作中表现为严格填写各种各样的表格,不能错一个字,并且填好的表说不用就不用,浪费了大量人力、精力、物力。

九是中直机关单位并没有扶贫专项资金,向派出单位申请经费,单位也只能从办公经费,例如差旅费、招待费等中挤,或者从其他单位蹭。地方政府认为中央部委派来的第一书记应该有钱,加上地方政府各部门也有各自的扶贫任务且评比排名,他们把本部门掌握的项目资源主要给本部门对口帮扶的地方,这就显得地方政府对中直机关派的第一书记支持力度不够。

2017 年 7 月 6 日

5 日,在北京开完会,乘晚上 7 点半的火车回盆珠村,6 日中午 12 点多到村里,和几个村干部一起在村委会吃饭。据罗主任说,一会儿县委组织部柯部长会来村里看我。

中午 1 点多,县委组织部柯部长、黎副部长来村里看我。柯部长问了问我的工作情况,问我在工作中是否遇到困难,并告诉我工作和生活中遇到什么问题都可以及时给组织反映。2 点左右送柯部长一行下楼。

2017 年 7 月 8 日

解散微信群。中午 11 点 40 多时,看村干部都在整理贫困户资料,我就自己煮了点面条,不到 12 点半就吃完午饭了,关上门准备休息,没几分钟,书记他们上来吃饭,冯书记坚持让我再吃点饭,我就过去了。

饭间,肖干事从他如何对付冯某因低保的事到镇政府"闹事"谈起,主要是说冯某找到他办公室要低保、当贫困户的事。之后,话题一转说,今年评低保咱们盆珠村是做得最好的,本来要因此评先进树典型的,但是今年也是有史以来上告人数最多和上告层级最高的一年,这或许与我们那个微信群有关。

我当时什么话都没有说,因为我认为这个有 178 位村民的微信群 4 个月来起到了以下七个方面的作用。一是起到我和广大村民联系的桥梁作用,我可以通过这个群了解大家想法,也可以把我的想法及时传递给村民。二是可以看到很多人很关心盆珠村的发展,在为盆珠村的发展出谋划策。三是起到宣传正能量的作用。四是宣传、解释村两委所做的工作。五是村民可以在群里认识更多的村民、联络感情。六是村民可以在群里为其他村民联系工作,介绍工作经验、致富信息等。七是许多村民通过这个群私下加我微信,给我讲他们家里的困难,很多事情和问题都是通过这种方式沟通和解决的。

之前,冯书记说了 2 次要我解散这个群,我没有解散,是因为我和冯会计都认为这个群很有存在的必要。用冯会计的话说,“泉江镇综治+镇村工作交流群”和盆珠村这个群是他关注最多的两个微信群,实际上大家没有说什么,偶尔发些牢骚也是很正常的事情,一人难调百人心嘛,这个微信群至少让村两委成员知道村民在想什么,他们期待村两委做什么,他们对村两委做的哪些事不满意。但这次,我决定解散这个微信群。

说实话,我对这个群是很有感情的,晚上 7 点开始直到 12 点 43 分,我花了 5 个半小时看之前的聊天记录,实在不忍心把这个群解散,更不忍就这样和村民断了联系。唉,用盆珠人最爱说的三个字表达我的心情吧——“没办法”!

图 4 赵康(左)与支部书记冯运华讨论水稻长势

2017 年 7 月 9 日

下午 2 点半左右,到排上组看通组路施工进展情况,这条路早在 3 年前就修好了,由于经常过运石头的大车,路面严重受损,这次是铲除旧路重新修建。几个工人在施工,刘支委在监工。贫困户刘某从家里走过来,我问,刘某怎么没有参与修路呢?刘支委说,他就是个好吃懒做的人,不愿意干。我说,看他身材瘦弱,视力也不太好,给他安排个轻点的、他力所能及的活吧。

我认为,刘某家应该属于深度贫困户,一家 3 口人,他本人身高 155cm,眼睛不能见强光、不能太热,据说是遗传性疾病,其妻子智力障碍,不会干田地里的活,家务活也不收拾,儿子刚满 16 周岁,6 月底中考结束就去福州跟着舅舅打工了。这样的贫困户应该给予更多关注、更多照顾,现在存在的问题是,他除了对物质方面的帮助感兴趣外,其他方面例如介绍他务工、发展产业、公益岗位等,都不能引起他本人的兴趣。

2017 年 7 月 10 日

上午,和市场建设服务中心副主任兼盆珠村扶贫工作队高队长一起,走访她帮扶的 4 户贫困户。

第一户,刘某某家。刘某某,罗屋组,户口本是母子 2 人,刘某某本人是智力二级残疾,春夏秋三季大部分时间一个人赤脚在罗屋和赖屋 2 个组闲逛。其母亲犯有老年痴呆,最常见的动作就是无缘无故地骂人和对人吐口水。就户口本上人口来说,他们是盆珠村贫困程度最深的几户之一。母子二人事实上和刘某某的哥哥住在一起,尤其是母亲,从没有离开过哥哥的视线。哥哥家庭条件还算好,三层半的楼房,总面积约 400 平方米,哥哥的 1 个儿子是公务员,在县城上班。

第二户,罗某某家。罗某某家户口本上写的是 4 人,实际是 5 人,儿媳的户口一直没有迁到盆珠村。罗某某,66 岁,在县城某事业单位看大门,妻子是冯会计妻子的亲姑姑,儿子 36 岁,是典型的游手好闲型,从没有听说他夫妻两个外出务工或在附近打零工。他们家的房子和刘某某家的房子差不多,房子在全村是最不好的几户之一,这样的房子还是他妹妹出嫁前打工挣的 5000 元,加上老房子的材料建的。

第三户,邓某某家。邓某某,78 岁,3 个女儿都出嫁了,是通常所说的纯女户。大女儿在县城开有门市部,卖小百货;二女儿在盆珠村委会对面建有三层半 400 余平方米的门面房,开有五金百货店,属于大家认为相对富裕户;小女儿在广东打工,据冯会计说承包了别人的工厂,这几年挣了不少钱。

第四户,彭某某家。彭某某本人是聋哑人。户口本上 6 个人,包括母亲、妻子罗某某、3 个小孩,其中他自己的 2 个小孩,分别上大学和小学,另外 1 个是弟弟家的孩子,把户口放在这里可以免交很多费用,彭某某的父亲的户口不在这个本上。据村民反映,彭某某的父亲彭校长善于写材料,村民需要写什么材料,例如申请书、介绍信、告状信等,经常找他代写。冯书记对他家人照顾得很周到,彭某某侄子户口迁入、彭校长的户口迁出等,都是冯书记协助办理的。

走访过程中,高主任给了每户200元钱。

下午,陪县委常委、宣传部部长吴培云走访他帮扶的2户贫困户。

第一户,冯某某。之前的日记已有记录。

第二户,郭某某。郭某某45岁,是个单亲母亲。大儿子23岁,外出务工,小女儿7岁,9月份就要上小学一年级了。房子是丈夫去世前刚刚建好的,在全村来说,一般。

走访过程中,吴常委给每户1个电饭煲。

2017 年 7 月 11 日

9点左右,冯某某妻子打电话说刚刚到家,想和我谈谈发展养殖业的事。之前,冯某某电话中给我谈过多次,他说,广东那边生意不好做了,准备回遂川发展,一时也找不到合适的项目。我说,他们家房前屋后那么多荒山荒地,发展养殖业应该挺好。他说,他从小就在外边跑营销,不懂种植、养殖之类,希望让他妻子找我谈谈。他妻子见面就说,冯某某让她找我谈帮助他们家发展养殖种植的事。我把和冯某某谈话的情况给她叙述了一遍,我还说了长江商学院有个"关爱老人每天一个鸡鸭蛋项目",就是长江商学院提供6万块钱,买鸡、买鸭、买饲料,大概可以买2斤左右鸡鸭各1500只,由农户饲养,鸡鸭长大产蛋后,饲料等费用自理,饲养者每天为村里老年人提供大概200只左右的鸡蛋或鸭蛋,也就是说,提供鸡鸭蛋的10%左右。她说,好,她愿意干。我问她之前养过鸡鸭没有,她说没有。我说,这样吧,现在这个钱还没有到账,我自己出钱先买一两百只鸡鸭,先试试,免得到时候有意外,亏损太大。她说,也行,只是自己在县城有个房地产中介的门市,还要养活几个工人,让她婆婆先养着。她婆婆刘某某,已经 67 岁了,是贫困户,是我的帮扶对象,4 月 25 日,我曾经给她送了 10 只鸡,她下午就给我打电话说要去她妹妹家住 1 个多月,让我把鸡先拿走,等回来了再给她。据了解,她并没有去妹妹家,而是去县城冯某某家了,并且在给一家饭店做洗碗、洗菜之类的勤杂工。我说,你回去再跟冯某某商量商量吧。

2017 年 7 月 16 日

下午 3 点左右,整理民政部于 12 日至 15 日在郑州召开的加强基层民政工作会议的材料。县政府办公室裴副主任电话说,民政部组织了干部员工为贫困地区捐款,计划给我挂职的盆珠村 2 万元,要求扶助 20 户贫困户每户 1000 元。

我到扶贫工作室,村干部都在,我把裴副主任跟我说的内容跟冯书记他们说了。看着贫困户表上的 11 户蓝卡户,我说,要不这样,蓝卡户每户 1000,我的 3 个帮扶户共 3000,还有两个上学的孤儿每人 1000,这就 16 户了,再加上几个重大疾病、生活确实困难的,就 20 户了。

冯书记说,我们还是把钱给有能力发展种植养殖的,把钱给他们,他们还能用这钱做点事。这比给那些好吃懒做的,拿着钱就喝酒抽烟的强。我说,也行,按你说的办吧。他又跟会计说,某某家的卫生厕没有改造到位,给他让他把厕所修了吧。另外就是谁家的入户路没有修,先给他 1000,村里两个孤儿每个 1000,我帮扶的 3 户每户 1000(本县县直单位按照帮扶户数给帮扶责任人相应的帮扶费用),吴常委帮扶的 2 户每户 1000(其中 1 户是孤儿),再就是愿意发展的。

2017 年 7 月 18 日

早饭后,去喂鸡回来的路上,看到会计和书记都在插秧苗,就停下来给他们帮忙。之后去一个贫困户家,他家没有人,碰到另一个村民,他的腿有残疾,他儿子开有家具店,为评低保的事给我打过电话,评低保时,得了 13 票。我给他解释低保评定过程。

10 点左右,去冯某家看看。他家的房子已经上报了拆旧建新计划。他家房子拆旧建新最早是冯某要求的,但是期间有多次变动,是我多次动员冯某的儿子才最终下决心做的。当时,村干部都不愿意给他上报,当着叶镇长的面,有村干部说这户人家说话不算数,一天一个样,给他报上去,他变卦,到时候上级验收检查就会有麻烦。

冯某妻子带着一个孙子在家。她看见我,无动于衷,这和她家当时刚刚商量好建新房时见我的态度差异很大,形成了鲜明对比,我预感情况不妙。我跟她说话,她也是爱答不理的,我问她为什么一直没有行动,她支支吾吾说没有出路,我说你 2 个儿子当时不是说好了这里可以修路吗(之前的老路),不知道她是没听懂还是什么原因。她指着很旧的低矮土坯房说,这里有个房子没法修。我说,这房子不是你们家的吗,不是说好的要拆掉吗? 她没话说,端着碗在院里捡这捡那(小树枝)。我说,你可不能这样呀,说话要算数,本来我给你家争取这个指标的时候,就有人说你们家爱变卦、不可靠。更重要的是如果错过了这次机会,你们家什么时候才能建新房啊,再说以后也不一定有这 2.2 万元的补助啊。我说,你跟你老公再商量商量,让你儿子给我打电话吧。

正说话间,邻居家的妻子李某某干农活回来了,看见我在冯某家,喊我去她家坐坐,我就去她家了。我说,最近可能会有 1000 块的扶贫项目,想让她家养点鸡鸭什么的,问她是否有想法。她说,那就养几只吧。我说,1000 块钱就养几只合适吗? 她说,没地方呀,那就给孩子上学用吧,这几天孩子正补课呢! 临走时,她非要给些鸡蛋,共 20 个鸡蛋,我没带钱,我说我到村委会拿钱给她。她说,自己家养的鸡下蛋,还要钱呀,并说我上次给她的鸡最近也要下蛋了。

下午下班时,我说我也出去一趟,书记问我去哪里,没吃饭就走访贫困户吗。我说,到贫困户家看看,今天上午去她家,她给了些鸡蛋,我把钱给她送去。到她家时,家里没人,正好李某某的邻居在给房基洒水,我把钱放他家桌子上。出来后,我和李某某的邻居聊了聊现在建房需要什么手续,建一栋一般的房子材料款和工钱加起来大概需要多少钱。

2017 年 7 月 19 日

早上去冯会计家牛场喂鸡,邓某某也在,他是来帮助冯会计卖牛的。冯会计家一共 8 头牛,今天 4600 元卖了一头。邓某某是贫困户,右腿残疾,人很勤快,早年丧妻,自己把俩儿子养大,俩儿子都已经娶妻生子。大儿子有油漆、粉刷等技术,平均每月收入 5000元,是有保障的;二儿子五大三粗的,以打零工、务农为主。邓某某和二儿子一起住在后院,大儿子住在前院,两栋房子的结构还是挺好的。

从牛场回来,邓某某让到他家看看。从他家前门进去,后门出来,正好他母亲在门口,问我她家房子拆旧建新的事。我问,报到村里了吗?邓某某说,报了,但是迟迟没有批下来。我说,报过了就等等吧。

上午 10 点,应林业局驻大坑乡长隆村第一书记巫书记之邀,去大坑乡长隆村学习他的做法,他 2016 年当选过优秀第一书记。在大坑乡见了乡驻村干部老冯,老冯是盆珠村人,之前当过盆珠村支部书记。

2017 年 7 月 21 日

为响应脱贫攻坚,为脱贫地区贫困群体服务,吉安市医院开展了下乡义诊活动。今天上午,吉安市医院一行 8 人来盆珠村义诊。他们主要是给村民量血压,问诊一般疾病,有五六十位村民来村委会参加这项活动,有的拿着自己病例,有的拿着在医院拍的片子,有的拿着自己吃的药,有给自己诊断病的,有抱着小孩给小孩诊断病的。12 点半才结束。

2017 年 7 月 22 日

本来准备去喂鸡，半路上碰见冯会计的妻子回来，她说会计去排上组看修路的事情了。我就往回赶，准备去看看修路的事。到正人中学门口，碰到一位 70 岁左右的老太太。她一见我就说：赵书记呀，我生活很苦呀，为啥我不能是贫困户呀，为啥我不能吃低保呀，我老头子 50 多岁就死了，我辛辛苦苦把孩子养大。她指着她住的房子说，我现在住的地方都没有，是住在侄子家里呀。正说着，出来一位年轻人。经询问，他就是老太太说的侄子。年轻人说，老太太的 2 个儿子儿媳常年在外打工，大儿子把孩子带在身边，小儿子把孩子留在家里让老太太带。老太太见小伙子这么说，就独自走了。

小伙子见了我也反映问题，说这路太窄了，能不能给他们把路加宽。我说，这路是窄了，是需要加宽，但是你看看这路两边别人家的围墙怎么解决啊，需要你们在一起商量商量把这些围墙拆掉。他说，不好搞呀，老表不同意呀，不关谁家的事谁家就不愿意让步。我说，在盆珠村 4 个多月的时间里，我发现，本来村民之间可以协调解决的，一旦全交给村委会，那事情就是事倍功半，反而不好解决了。他转移话题说，这里能不能建个路灯，哪怕有两个就行，晚上老人孩子都不太好走路，这条路上有时还有蛇。我看了看的确需要有路灯，但是再看看前边，这里离有灯的地方也很近，虽然有两三个弯，但是最多也就 1 百米左右。

这里居住的几户都姓刘，我暂且把这条胡同命名为刘家胡同。从刘家胡同出来，走到排上组通组路丁字口时，一位 50 来岁的村民拦住我,让我看他家的房子。他家的房子是临河、临路而建的门面房,下边一层都是石头砌起来的,离河里水面两三米左右。他说,前年(2015年)雨水大的时候,河水涨得很高,把他家房子的地基都淹了,从那时起墙体也裂缝了。我看了看,能看到明显裂痕。他说,能不能给他家修修,哪怕村里给水泥等材料,他自己修也行。据了解,他家的房子是2010年建的,当时建的时候,村干部曾经劝他不要建在那里,怕雨水大时房子受影响,但是他坚持在那里建房子,他建房子的地方除了小部分是他自己的田外,大部分都是"公家"的河堤。

2017年7月25日

晚饭后,骑着车在村里走走,过了采石场,看见前边不远处有个人,有点奇怪,因为自己刚才在这里站了一会儿,并没有人从身边经过,就往前追。拐了两个弯,那人停下来,喊我"赵书记"。交谈中了解到,他是赖屋组村民赖某某,在村委会见过我,刚刚来这边看他的牛。他问我,来这边有什么事。我说,没有什么事,刚吃过饭,出来走走。他坚持让我去他家里坐坐。

他给我介绍了他自家的一些情况:一是,他家有三个孩子,大女儿27岁了,老二13岁,老三12岁,说起两个小的,是因为他的大儿子在17岁时打鱼淹死了(如果不死,现在也30多岁了),他夫妻两个才决定再生;二是,他之前是组长,家里曾经3人吃低保;三是,现在的组长是他的亲侄子;四是,刘某某是党员,刘某某的妻子是他的亲姐姐,刘某某的大儿子在县文明办、二儿子在县公安局、三儿子在南昌物资局。

他们家养了10来头牛,前几天刚刚花6000块钱从冯会计家买了两头。我给他谈了我在村里的日常生活,谈到我自己也养了20多只鸡时,他说,他家的鸳鸯鸭孵了10多只小鸳鸯鸭,要送给我2只。我说,好,算我买的吧。买之前,我给冯会计打了电话,主要问好不好养,价钱多少。会计说不了解情况,不知道多大,但是坚定地说能养、好养。临走时,我拿走了2只小鸭子,并给赖华升说,明天给他钱。他客气地说,自己家鸭子产的蛋,自己家鸭子孵的小鸭,不要钱。

2017年7月26日

上午在寝室帮助贫困户打印身份证、户口本、一卡通、社保卡等资料。11点左右,我让冯会计看看从赖华升家拿来的2只鸳鸯鸭值多少钱,他说每只最多5块钱。午饭后,我给赖某某送去30块钱,免得他吃亏。

2017年7月30日

村民冯某某来村委反映他的稻田不能灌溉的事,要求村里给他解决。他说,当时村里修路(和洲上村的挨着,合作修的)时把他家的地征了,当时为了大家的便利,他同意修路,路修好了他家的田过不来水了。他找当时的理事会,理事会解散了,他找洲上村李书记,洲上李书记说他是盆珠的,要找盆珠村干部。他找罗主任,罗主任让他自己搞。他说,罗主任说这话让人哭笑不得。他的说法和后来罗主任的解释不一样。罗主任的解释是,当时修路时是洲上和盆珠村黄溪组成立理事会协商的,当时也收了费,征地也给了钱,他的田灌溉的事,当时应该提要求呀,他不提,现在村里有什么办法。罗主任说,2015 年,县农田水利局进行稻田灌溉改造时(主要是埋管),让大家报,花园组都埋了管呀,他都没有报呀,前几年雨水比较大,田不用引水灌溉,他自己也不操心,今年干旱,他着急了,别人这会儿有什么办法呀。

2017 年 7 月 31 日

镇政府驻村干部肖干事到村委会,给罗主任反映问题。肖干事说,有人打电话给叶镇长反映农田灌溉的问题了。我们当即就去现场看,到冯某某稻田的时候碰见冯某某。我问他,是不是给叶镇长反映了。他说,没有,他不知道是谁反映的。但是从整个事件来看,应该是他反映的,因为这个事就涉及他自己一家。

就罗主任和冯某某俩人反映的问题看:站的角度不同,看问题方式就不同,对同一件事的说法差异很大。

2017 年 8 月 11 日

上午和江西省民政厅的领导在县城东路社区和文献社区看了看日间照料中心运转情况,到泉江镇福利院看了看基础设施和老年人生活状况。午饭后,他们回省城,我就回盆珠村了。

2017 年 8 月 12 日

走村入户统计危旧土坯房、牛棚、猪圈、围栏、旱厕等。已经连续统计一周多了。

2017 年 8 月 13 日

继续统计危旧土坯房、牛棚、猪圈、围栏、旱厕等。到冯某某家时,他热情地出来说话,人长得挺魁梧,1.8 米左右,微胖,我在盆珠村还没有见过这么魁梧的人。他曾经给我打电话说他家的田地浇不到水,让我给他想办法解决。之前,他曾经给镇政府打电话,希望镇政府解决稻田无法灌溉的问题,有村干部在村两委会上曾经就这事谈到过他,我也多少了解些他的情况。

2017 年 8 月 18 日

晚上,散步经过广场。跳舞的人很多,有 20 多位,主要是女的,年龄大的 70 来岁,年轻些的 30 多岁,50—60 岁的占半数以上,来自全村的各村民小组。她们一般是晚上 7 点半开始 9 点半结束,冬季开始时间会提前一个小时左右,结束时间是 9 点左右,周末或节假日时间会更长些。农村广场舞如此热闹,我是挺感兴趣的,曾经问过村干部和多位村民广场舞的来龙去脉及对村民生活的影响。对农村广场舞的一点思考:广场舞的确丰富了农民生活,甚至改变了农民的生活方式,例如,之前盆珠村村民晚上吃过饭打牌的比较多,自从有了广场舞,打牌的就少了很多,现在基本没有了。但是广场舞每天9点半左右才结束,有时10点才结束,也有负面影响:一是影响了周边希望早点休息的居民的正常休息;二是影响周边家里有上学的孩子晚上学习,声音实在有点大;三是影响家里有希望安静的老人和病人的正常休息。

事实上,农村垃圾焚烧炉或者垃圾箱和广场舞有相似之处,解决了农村垃圾乱堆放问题,但是垃圾焚烧时间长、烟味大、乱飘且有异味,尤其是夏天或者烧塑料之类的时候,严重影响周边居民的生活质量。

2017 年 8 月 21 日

上午,村两委讨论美丽乡村建设的事情。根据之前盆珠村上报的"美丽乡村建设实施方案",盆珠村有4个美丽乡村建设点,每个点建设经费20万元,共80万元。冯书记把美丽乡村建设项目来龙去脉简单介绍后,我建议组建理事会。

来盆珠村之前,我就在学术期刊和网上发现,江西乡村理事会对解决农村各种问题发挥重要作用,4月初,在党员村民组长会上,我还专门提出在解决村内事物上,要发挥村民理事会的作用,大家也都很积极。4个月过去了,我想借美丽乡村建设这个机会发挥一下理事会的作用。

每户1个代表,除了全家外出务工等原因不在家的,几乎所有的家庭都有代表参加,到场30多人,我和村主任罗主任参加了讨论会。大家对建设美丽乡村和成立"美丽乡村建设理事会"都具有浓厚的兴趣,大家积极讨论美丽乡村应该怎样建设及"理事会"应该做什么事。会上,尽管我一再引导,但是依然没有人愿意参选理事会成员,组长也以自己年龄大、带孙子为由婉言拒绝参选理事会成员。

大家激烈讨论了 2 个多小时,归纳起来,主要聚焦两点:一是理事会是否对美丽乡村如何建设有决定权;二是美丽乡村建设的钱是否归理事会管理,而这两个问题罗主任都不能答复大家,最后遗憾收场。

2017 年 9 月 12 日

早上,去冯书记家,再次跟书记谈我在盆珠村期间生活费的事。他说,这都是小事,不要想太多。我说:"之前,在村委会、来您家说过很多次了,您始终坚持不让交,现在半年过去了,这次无论如何得交生活费。"冯书记说:"你吃那么简单,就吃点面条、米饭,最多加个鸡蛋,菜都没有炒过,吃的东西基本都是你自己花钱买,再说也用不了多少钱。"我说:"不论钱多少,交生活费是原则问题。"他说:"那好吧,一会儿到村委会再说吧。"

上午上班后,他给其他村干部说,赵康书记也说过好几次生活费的问题了,今天早上又去家里说这事,为了不让赵康书记为难,就参考肖干事在镇政府交的生活费标准,每天 3 块钱吧。大家都说有点高了,肖干事也说,赵书记这生活消费用不了 3 块钱啊。我说:"就这样吧,有时候村委会还改善一下伙食呢。"

图 5　赵康在菜地浇水

2017 年 9 月 15 日

县扶贫办来检查工作,叶镇长也来了。县扶贫工作站来了三个人,分三组,分别检查了扶贫工作一户一档资料,进行入户访谈并查看资料和危房改造情况。

2017 年 9 月 16 日

针对县扶贫办查出的问题,冯书记决定,村干部及镇驻村干部分 4 组入户核查贫困户信息,我和书记一组,会计和肖干事一组,村长和上官一组,刘干事和赖干事一组。

2017 年 9 月 17 日

昨天镇政府开会,主要内容是遂川县应省、市扶贫办要求,积极布置推动贫困户"微心愿"活动。微心愿,按照镇政府传达的意思,就是满足贫困户家庭需要、想要的小东西,价值从十几块钱到几十块钱不等,按要求是不能直接给钱的。按照驻村干部的解释,县级领导帮扶人资助电饭煲之类的,价值 100 元左右;一般干部帮扶人资助价值 50 元左右的东西就行。贫困户实现微心愿的流程是下载中国社会扶贫网 App,贫困户需要实名登记,主要信息有身份证号、手机号、所属县乡镇村、需求物品等,发布信息后,全国各地都可以看到相关信息。帮扶人如果想帮助贫困户实现"微心愿"，需要下载中国社会扶贫网 App，注册后，查看贫困户的需求，买相应的物品通过快递或亲自送到家，贫困户收到物品后，在中国社会扶贫网终端填写这个微心愿已经实现。按照镇政府会议布置的要求，每个有智能手机的贫困户都需要下载中国社会扶贫网 App 并注册，每个帮扶责任人都需要下载中国社会扶贫网 App 并满足贫困户微心愿，最少要满足自己的帮扶对象。

上午村两委及驻村干部、驻村工作队成员开会分组，我和高队长、冯书记一组，走访贫困户，任务有两个：一是，帮助贫困户下载中国社会扶贫网 App，注册并填写微心愿；二是，统计贫困户家庭负债情况。

走访时，我的主要任务是帮助贫困户下载、注册、登录并征求贫困户的意见，帮助他们填写好微心愿。

2017 年 9 月 21 日

早上 7 点左右，到冯书记家再次给他说买手机的钱的事，这应该是第五次跟他说这事了，在我从多角度解释的情况下，终于把手机费（3500 元）放他家了，他老婆也在。10 点左右，冯书记和罗主任来我到房间，说已经做过账了，这个手机就当我的工作电话。我说不行，我已经到书记家给他说过多次了，这次无论如何你们也要收下，这是 3500 元，我到网上查的，最贵的 3600—3700 元，便宜的 2800 元，因为没有发票，我就按照中间价给您。冯书记当面给罗主任说，既然赵书记坚持这样，那就收下吧。

2017 年 9 月 25 日

这两天事情挺多的,可惜自己没有全部记录下来。

"微孝暖夕"是中国社会福利基金会微孝暖夕慈善基金的一个项目。这是在中国社会福利基金会支持遂川扶贫的会议上,基金会领导提出在遂川县开展关爱老人项目时提出来的。项目负责人希望先在遂川县盆珠村搞个试点。"微孝暖夕"的目的是照顾生活困难的老年人,项目方确定人选后,给他们买油、米、衣服等日常用品,由本地志愿者送到老人家里。依据冯书记的意见,在我的争取下,项目方答应可以把钱给这边的志愿者,让志愿者在遂川这边买东西。

微孝暖夕一行来了 4 个人,分四组走访老年人家庭,他们每人来领一组,我和张姓工作人员、冯书记一组。下午,录入访视材料,我录入访视老年人的基本信息,冯书记介绍老年人家庭情况,张某判断是否符合项目服务对象。

2017 年 10 月 20 日

到枚江乡枚溪村学习金书记的先进经验。金书记是民政部机关干部,2015 年至 2016 年在遂川县枚江乡枚溪村挂职第一书记,做扶贫工作,工作做得很好,给县、乡和村民留下了很好的印象,也给其他扶贫干部树立了榜样。民政部挂职干部刘副市长多次建议我到实地学习。

下午 2 点，民政局李师傅开车来接我后，又接上曾局长，一起去枚溪村学习。枚溪村党支部书记罗书记介绍了当时金书记在枚溪村做的一些影响比较大的事情。

一是，到农户家吃饭。金书记在枚溪村任第一书记期间，为了更好地了解村情民貌、了解村民所需，为了融入村民，坚持每天到一户农户家吃饭。金书记到农户家吃饭必须满足两个条件：一是必须收他的 50 元伙食费；二是必须是家常菜家常饭，并且菜不能超过两个。

二是，筹钱修了村里的主要交通干道。罗书记指着村委会前面的马路说，这是金书记到民政部及带着他到遂川县争取的经费修建的路，解决了枚溪村出行难的问题。

三是，办了大美枚溪简报和大美枚溪微信公众号。罗书记说，金书记办的大美枚溪简报和大美枚溪微信公众号对枚溪村影响可大了。枚溪村发生的大小事情，都通过这两个渠道让更多的枚溪人了解，让更多常年在外地很少回家的枚溪人知道了家乡发生的变化，这对枚溪人支持村干部的工作也起到重要作用。

四是，筹钱修建了广场。在介绍村里的广场时，罗书记说，村里有三个广场，供村民们用，主要是晚上跳广场舞。我问，广场是怎么管理的，是否给管理人员钱，或者其他待遇。他说没有，这都是靠自愿，主要是老年协会会长负责，会长是每年选举一次。

2017 年 10 月 21 日

上午,召开村两委会议,冯书记传达了镇政府要求核实、填写贫困户资料的工作,并强调这项工作是最近村里的重点工作。

最近,我颈椎疼得厉害,扭脸、弯腰、睡觉翻身都疼。晚上去对面药店贴了膏药。

2017 年 10 月 23 日

今天彭某某把自家养的两头 200 斤左右的猪运到冯会计的牛棚里。彭某某说,准备再买 7—8 头小猪,这样就可以得到 5000 块钱扶贫补贴。彭某某是贫困户,最初是因病致贫,据说 2014 年评贫困户时,他父亲有病,2015 年去世。2017 年检查扶贫资料时,要求致贫原因要体现在扶贫资料里,并且要提供致贫原因资料,例如因病致贫要提供"建档立卡"时的病历。彭某某不能提供父亲的病历,就把致贫原因改为因学致贫,这倒能说得过去,因为那时他的儿子正在上大学,女儿在上高中。如果彭某某再得到 5000 元养殖补贴,贫困户能享受的扶贫政策他都享受到了。以种植、养殖项目获取扶贫资金比较普遍,这从新闻媒体报道中也可以看到。

2017 年 10 月 27 日

到盆珠村已经半年多了,122 户贫困户家庭,户均去过 5 次以上了。非贫困户家庭也走访了不低于 200 户次了。在走访贫困户时发现了诸多问题，有些已经借助县、镇政府整改要求修改了，例如致贫原因、帮扶措施、发展意愿等与实际情况不一致；有些问题是我无能为力的，例如贫困户错评、漏评、土坯房高标准维修等；还有一些问题，是可以通过自己的努力解决、做好的，例如今天给贫困户做的扶贫帮扶政策培训。

24 日上午，召开 2014 年和 2015 年脱贫的贫困户大会。会议内容主要是针对上次检查时发现的一些问题。虽然问题很简单，但都是脱贫攻坚每次必检的内容。具体如下：

一是，记不住应记的简单信息。帮扶干部多次介绍自己，但是还是有人就是记不住帮扶干部的名字；记不住帮扶干部是哪个单位的；记不住两不愁"不愁吃、不愁穿"；记不住三保障"教育保障、医疗保障、住房保障"。贫困户韩某的妻子刘某，我去过她家多次，在她家见到她的次数不低于 5 次，前天县扶贫办入户检查的时候，她说不知道我姓什么，不知道我是哪个单位派来的。就在 24 日开会时，我自我介绍了 5 遍，每一遍都问了与会的王某是否记得我的名字，她都说记住了，并喊一声"赵书记"。会议结束后，我帮她填写扶贫信息表。填表前，我问她是否知道我是谁，她哈哈地笑，旁人再次提醒她，这是"赵康书记"，是民政部派下来的，她笑着说记住了。给她填写好表后，把她送到村委会门口，我再问她我是谁、叫什么名字，她又哈哈哈笑着说"不记得了"。这次轮到我哭笑不得了。也难怪，据她邻居说，她自己的孩子在哪上大学，上的什么大学她都不知道，怎么苛求她记得我是谁，是哪个单位派来的呢。

二是，记不住或者说不知道自己哪年被评为的贫困户，哪年脱贫的。尽管多次宣传，但是仍有很多贫困户不知道自己是哪一年评的贫困户、哪一年脱贫的。7—8户贫困户主坚持说，自己是2016年才挂的贫困户牌子、才做的贫困户资料，自己享受扶贫政策也是从2016年才开始的，应该是2016年才是贫困户。更有一些贫困户说，自己不知道什么时候评的贫困户，2016年挂的贫困户牌子，但牌子上写的是2015年就脱贫了，自己不但稀里糊涂就成了贫困户，而且稀里糊涂就脱贫了，实在搞不清自己是哪年成为贫困户、哪年脱贫的、享受了什么扶贫政策。事实上，90%以上的建档立卡贫困户是2013年上报的，2014年评审的，只是当时没有挂牌、没有把贫困户资料送到贫困户家中。按照当时的情况，2014年、2015年都有脱贫的，那时候的贫困户能享受的扶贫政策都享受了，例如子女上学的两免一补、雨露计划等，但随着2016年后扶贫政策力度的加大，帮扶责任人和贫困户一对一、一对多的精准帮扶，帮扶责任人逢年过节会给帮扶对象送些东西。与之前相比，无论是在政策规划上还是实施上，力度都明显大了很多，例如遂川县贫困户现如今医疗费用的报销已不低于90%。

三是，故意"哭穷"。有人不愿意说出自己的真实收入，在多人见证的情况下也不愿意说，自己家里明明有人常年在外务工，你问他在外务工年收入多少，他说三五千块钱吧，我说常年在外打工怎么可能就三五千块钱呢，他说还要吃、还要住、还要穿呢。他说的听起来好像也挺有道理。还有个"老表"算来算去，家里没有收入，我问他家里买油盐酱醋哪来的钱，他说孩子给的。我说，表上不是说了孩子给的钱也要填上吗。他说,给的太少了,一年也就百八十块钱。后来他的一个邻居来了,说他的两个女儿有钱,给了他不少钱。他说,没有呀,每个女儿也就 200 块钱。对这种情况,我感觉挺无奈。

四是,为了拖延脱贫时间,多得扶贫帮扶,老年人和子女之间故意分开户口,或者故意说自己的孩子不赡养自己。但这仅仅是个别现象。

给贫困户培训从 24 日直到 27 日,持续了 4 天,讲解的主要内容是:有关扶贫政策,做人要诚实,脱贫攻坚检查时需要注意的事项等。

2017 年 10 月 30 日

27—30 日,这几天在县城,中国社会福利协会和养老协会领导来遂川县搞慰问活动。早上吃过饭,送走领导,回到村里。

今天,村里拆除土坯房,村干部、镇驻村干部、扶贫工作队都到拆房现场了。尽管有人对拆除危旧房不理解,有不良情绪,脸色不好看,说话不好听,但是和其他村及听说的情况相比,总体上还算顺利,没有发生暴力抗拆事件。

2017 年 10 月 31 日

结合现场培训和这两天的走访,感觉还是有不少问题,主要表现如下。

一是,还是有人故意隐瞒收入。为了隐瞒收入说谎,在贫困户中比较普遍,只是程度不同。

二是,个别人的确贫困,但是得不到有效照顾。冯某 46 岁,轻微智力障碍,母亲 60 多岁视力一级残疾,听力也不好,母女两人生活在一起,住在土坯房里。她们享受到的扶贫政策有限,既没有享受种植养殖等实实在在的奖补政策,也不会像有些人"钻空子"申请补助。

三是,个别特别"笨"的人,教什么都学不会,这让帮扶责任人很懊恼。例如有的人,帮扶人的名字给她说三五遍,她还是记不住,她甚至不知道自己的孩子在哪上学,上的什么学校,但是,她干农活、家务活和邻里聊天都正常。这种人让乡村干部尤其是帮扶责任人很懊恼,因为每次脱贫攻坚检查时都会问贫困户是否认识帮扶责任人,叫什么名字,是哪个单位的,等等,如果说不出就要扣分,并认为帮扶责任人帮扶不到位,至少"走访"不到位。乡村干部、帮扶责任人对这种人的帮扶积极性都不高。

四是,有的人家庭生活不富裕,但是好胜心强、攀比心严重,把钱花在不该花的地方,例如经常不在老家住却要花 40 万—50 万元在老家建三层以上的房子。

五是,有的人"投机钻营"只为私利,一旦不如意就牢骚满腹。

下午,村两委研究仍然没有拆除的危旧土坯房、牛栏旱厕,经过大家讨论,我认为目前没有拆除的家庭可以分为以下八类。

一是,无所谓的态度,自己不愿意动手拆除。这类人的观点主要是拆除也没有多大好处,留着也没有多大用处。

二是,留着没用,自己没有能力拆除。拆除多少还有点补助,再说自己拆除还能对瓦片、木料等保护好点,但是自己没有能力拆除。

三是,故意跟村委或者上级作对的钉子户,包括有攀比心态的人,他的观点就是只要有人不拆,我就不拆,有逞强的思想作祟。

四是,为了占地方不愿意拆的。按照农村一户一宅政策,老房子拆除后,一般是不能建新房子的,这样的话,虽说宅基地是他们的,但是也没有多少话语权了,说不定以后出来个什么政策,这块地就有充公的可能,如果有老房子,好歹可以放些废弃杂物,说不定自己还有机会翻修一下,还是自己的财产。

五是,为了不愿意让别人家"好过"。有这种想法,是有两家私下给我说和邻居有矛盾,自己的老房子不拆,对方出路就不顺利。

六是,长期不在村里,联系不上。这类人也可以分为两类,一类是户主为了不让拆除房子,村干部联系他们时,他们故意处于失联状态;一类是村干部以联系不上为借口故意不拆除他们的房子。

七是,恋旧,自己认为老房子以后还能用得上。

八是,老房子确实还有用,不想拆。在农村,这种现象还是比较普遍的,毕竟新建的房子和城市里的楼房差不多,都收拾得干干净净的,没地方放柴火、农具、杂物等物品,南方又经常下雨,把老房子拆除后,这些农村常用、必用品放哪儿呢。

2017 年 11 月 2 日

到盆珠村六七个月来,也的确没有给盆珠村带来什么项目,也没有什么经费。前段时间到民政部人事司汇报工作时,王处长看了看我的工作汇报,问我对盆珠村扶贫有什么想法,有什么建议。我说,遂川县及泉江镇党委政府在贫困户发展产业、房屋改造等方面做了大量的工作,有关"一收入、两不愁、三保障"问题得到基本解决,现在盆珠村存在的主要问题是村集体经济薄弱,村两委缺乏凝聚力,希望能筹些经费帮助盆珠村发展集体经济。为此,我写了两个项目申请报告,分别是"大棚育苗"和"光伏发电",经过人事司呈报给部领导,部领导做了批示,最后让中国社会福利基金会落实经费的事。后来,据基金会前期联系人给的信息,中国社会福利基金会计划支持 60 万元。

按计划,11 月 1 日,我和冯书记乘飞机到北京。一般情况,我很少乘飞机,主要是因为飞机成本较高,而且遂川到机场及从北京机场到单位不如火车方便,再说我感觉乘火车能得到放松,也是我休息的一种方式,还能看看路上的风景,思考些问题。到中国社会福利基金会汇报村里项目的事,主要是光伏发电,还有蔬菜种植。2 日在中国社会福利基金会召开了座谈会,我把两个项目的 PPT 做了展示。福利基金会戚理事长说,建扶贫项目要"建得起,用得上,留得下",不能为了应付检查。戚理事长还说,要想把项目做好,项目不能是上级硬给的,而是下边有做这个项目的意愿和毅力。半个月后,基金会的联系人说,准备给盆珠村 30 万块钱用于建光伏发电站。

2017 年 11 月 13 日

我给冯书记谈了谈最近的工作安排。主要是想在近期召开党员大会,谈谈脱贫攻坚的问题,在脱贫攻坚中党员要起到带头作用,另外,是把最近所做的工作做个总结,把以后的工作做个规划,将这些都给党员做个通报。他点头说很有必要。

我给冯书记建议,村委购置投影仪和电脑,以后用 PPT 形式给贫困户培训、给党员上党课、给上级领导汇报工作时,效果都会更好,也会给其他工作带来便利。

2017 年 11 月 17 日

陪着县脱贫攻坚督察组检查脱贫攻坚工作,发现贫困户档案资料里仍然存在一些问题,例如个别贫困户家庭成员身份证号码、户口迁出迁入等信息有错误。在冯某某家,同时存在着身份证信息不准、户口迁入迁出没有说明及他母亲的名字不准确的错误。冯某某母亲的名字已经出现几次错误了,问题是冯某某母亲的名字是爱年还是爱莲,冯某某母亲不识字说不清,其他人包括冯某某都搞不清楚。

冯会计说,现在有种情况,因为贫困户有很多优惠政策,有合户现象,这样户口本上的人就都可以享受扶贫政策了。对于子女和老年人合户,从脱贫和赡养老人角度上说,上级政府是支持的。

2017 年 11 月 29 日

今天,吉安市扶贫办就盆珠村退出贫困村进行了检查,总体情况很好,检查组发现了 6 项非原则性的小问题,现场查证及整改情况如下:

1.韩某户医疗报销问题。韩某的妻子刘某在赣州就医,医疗总费用是 6240.28 元,刘某称只报销了 1300 多元。经查证,刘某的基本医疗报销 2027.93 元,商业补充保险报销 3632.67 元,商业补充保险报销部分其本人已经办理,资料已交,只是拨款未到其账号。韩某事先知道报销程序和方法。

2.赖某家无水无电无厕问题。赖某是盆珠村赖屋组的移民搬迁户,本户所有家庭成员常年不在家,全家都在湖南务工并居住,很少回家,本次回来是因为要拆除其闲置土坯房,其新房子建于 2008 年,至今无水无电无水冲厕,饮水工程的自来水管已接到其家门口,电路到其家门口,改厕补贴已经向其宣传,但赖某本户没有安装意愿。

3.刘某某退出贫困户问题。刘某某家庭成员共 4 人,其妻子在县城沙子岭工业园区鞋厂上班,刘某某本人在 2017 年 7 月左右因病在家休养,俩孩子在上学,一个在东华理工学院(本科),一个在州上村上海警备区希望小学(6 年级),按照雨露计划,本科生没有补助,小学生不寄宿没有补助。刘某某本人的医疗报销已经达到

90%,他的妻子务工月收入不低于 3000 元,即使每年按照 10 月工资时间算,其年收入也有 3 万元,人均 7500 元/年,再加上农作物产出及各种粮补贴,人均年收入不低于 8000 元,远远高于当年国家脱贫标准人均纯收入 3335 元(按照 2011 年人均纯收入 2300 元的不变标准),另外他家也不存在"两不愁三保障"问题,完全符合脱贫的条件。

4.盆珠村土坯房问题。盆珠村拆除的土坯房没有平整到位,近期将组织人员平整已经拆除的土坯房,并附上平整前后的对比照片。

5.全村无害化水冲厕未能 100% 全覆盖。盆珠村将对非无害化水冲厕户建立台账,确保无害化水冲厕覆盖率达到 85%—90% 之间。全村的无害化水冲厕 75% 以上即达到脱贫条件,盆珠村无害化水冲厕已经高于 80%。

6.盆珠村卫生室、文化室问题。盆珠村新建的卫生室、文化室没有挂牌,书籍和设备不到位。把村委会三楼的书籍和设备立马搬到文化室。当场通知村卫生员一周内把药品等卫生用品搬到卫生室。两个门牌正在县城做。

2017 年 12 月 17 日

一年一度对行政村的评优、考核就要开始了,冯书记决定让我和他一起给镇主要领导汇报工作。汇报主要有两大方面:一是一年内村两委所做的主要工作,重点汇报脱贫攻坚工作验收及整改情况;二是驻村干部所做的大量工作。

2017 年 12 月 21 日

这几天事情实在太多,每天忙完都将近夜里 12 点了,很多事情没有及时记下来。

关于建关爱老人儿童活动中心的事,张委员建议村里与镇政府合建,这样村里经济压力会小些,村干部则坚持盆珠村独立建,村经济暂时紧张,村民则长期受益。

这几天一直与长江商学院联系捐建关爱老人儿童活动中心的事,为建设关爱老人儿童活动中心选址也花费大量精力。

县委张书记来盆珠村检查脱贫攻坚工作,我用 PPT 给她展示了我给贫困户培训的脱贫攻坚知识和我整理的给党员上党课的材料。我让她看了我整理的贫困户资料,尤其是个别故意隐瞒收入的贫困户家庭收入结构及收入来源。张书记看后非常满意,当即夸奖我工作细、方法多,把工作做到这个份上,贫困户不会脱不了贫,更不会担心上级来检查,并要求郭秘书把我的做法记录下来,把我做的 PPT 和整理的贫困户资料拷走。据说,在当天晚上召开的乡镇党委书记、乡镇长脱贫攻坚会议上,张书记要求他们推广我的做法,尤其是要按我的做法把故意隐瞒收入的贫困户家庭收入来源搞清楚。张书记临走时,再次邀我到县委县政府餐厅吃饭,并让县委办公室主任彭小建负责落实。这已经是第五次邀我到县委县政府餐厅吃饭了,我都以对村里的工作还需要进一步熟悉,还需要花费更多的时间走访了解,或者最近工作忙,不能把时间浪费在路上等理由婉拒了。

图 6 赵康(左 3)在盆珠村关爱老人儿童活动中心

2017 年 12 月 31 日

我去农户家吃饭都是给钱的，例如前天去刘某家吃饭给了 40 块钱。那天他在村委会见我只有一个人在做饭，他说他家杀了一只鸭，非拉我去他家吃饭，当时我兜里就剩 40 块钱，吃完饭就把钱给他了。当然了，我们两个谦让了好长时间，费了好多口舌。

彭姓村民说，作为贫困户，他是国家扶贫政策的受益者，但是说实话，主要还是靠自己多干活，才会生活得更好。如果把资源给愿意干、想干活的人，例如，把田里的路修整好、把水渠疏通好，那么多少种点东西就够吃了。

彭某说，贫困户叶某的弟弟对脱贫攻坚检查组的人说不认识我。我认为脱贫攻坚检查的必检项目"认识度和满意度"不尽合理。主要理由有两点：

一是扶贫办要求各村必须提供贫困户联系方式，如果本人没有手机，需要提供近亲属甚至邻居的联系电话，这样问题就来了，第一书记或者帮扶责任人走访贫困户时，贫困户的电话联系人并不一定在场，而脱贫攻坚"认识度、满意度"电话检查时，这位贫困户的电话联系人对第一书记或者帮扶责任人就不一定熟悉了，而如果每次去电话联系人的家里，那么脱贫攻坚入户检查时，贫困户就又不认识第一书记或者帮扶责任人。

二是有的贫困户会因各种原因一下子说不出第一书记或者帮扶责任人有关信息。例如，市场建设中心高主任的帮扶对象邓某 70 多岁了，不论高主任在场不在场，提起高主任，邓某都赞不绝口，但是有时候打电话或者当面问他自己的帮扶人叫什么名字、是哪个单位的、什么职务等,邓某经常会一时说不出来。

晚上散步时,碰见冯会计。闲聊间,我问冯会计,如何才能把村里的事做得更好,让大家更信服。他说,要想把村里的事做好,让大家心服口服,必须公平公正做事,当然还要有魄力。

2018 年 1 月 4 日

昨天,县委县政府召开脱贫攻坚迎国检动员大会。今天,县消防大队魏大队长就来村里走访他帮扶的贫困户,像往常一样,我和村主任、会计、帮扶工作队长及镇驻村干部一起随他走访。走到刘某家,大家里里外外、上上下下反复看了好几遍,一致认为,他家条件确实太差了。哥哥住在全村最小的房子里,并且有裂缝,他自己住的房子阴暗且漏雨。魏队长问我该怎么办。我说,住房条件必须保证不漏雨、房子安全有保障。他当即表示,希望我负责把这事办了,需要什么材料给他说就行了。魏队长当即表示给镇党委彭书记打电话反映这事。我说,一会儿到村委会商量一下再说吧。到村委会后,我说,这次我们一定要想办法帮刘某两兄弟把住房问题彻底解决。我让肖干事给镇政府打电话问问还有没有高标准维修经费。他联系后说,今年没有了。我跟魏队长说,让他们单位出点钱,让镇政府出点钱,帮他家彻底修建一下,最少在住的这方面不出问题,住房可是中央和各级地方要求的最基本的三保障之一。

2018 年 1 月 18 日

这 10 多天,连续走访贫困户,张贴脱贫宣传资料,排查贫困户资料、卫生厕改造、牛栏旱厕、危旧房等问题。

冯会计早早来到办公室说,省里检查脱贫攻坚组今天已经到县城了。冯书记来后说是"国检"。打电话问驻村干部肖干事,确定是国检,主要检查"四个一"帮扶项目。

2018 年 1 月 26 日

早上 8 点半从冯书记家回到村委会。在门口碰见赖某某,问他路灯的情况,他说,他们(沿路住户)怕装上临时路灯,以后村里就不管他们了,还是等等再说,争取一次性装好吧。盆珠村一共 4 个自然村,13 个村民小组,赖某某所在的这个赖屋组是全村唯一没有装路灯的组。我认为,这里需要路灯,因为沿途住着 20 来户居民,有 10 多个孩子下晚自习走这条路,尤其是 10 月份之后,这边路远,赶上下雨天就更不安全,而且江西遂川这边经常下雨。

2018 年 1 月 27 日

邓某曾经在他家门口非要给我送几个粽子,上午来我寝室坚持让我去他家里看看,我问他什么事,他说到他家看看再说吧。他说自己还有事,接个电话就走了。上午整理贫困户资料,下午到邓某家,他先是让我看看他儿子的房间漏水的地方,又看看他的房间漏水的地方，还有裂缝的墙，问我该怎么办。他说自己64岁的人了，还有病，不能干活了，挣不了钱了，这房子怎么办，他住到哪里去，儿子的房子也漏水，孩子回来住到哪里去。

他的诉求之所以值得记录，有两个重要原因：一是他儿子常年在外务工（我到盆珠村将近一年时间，经常经过他们家，没见过他儿子），房子漏雨要政府解决；二是以自己年事已高、有病为由（事实上，他之前多次给我说过，他经常外出务工），要求村里或者政府解决住房问题。这两个问题，尤其是第二个问题，如果在未来成为普遍现象，我有几个思考：第一，我们的政府是否做好了解决所有老年人住房问题的准备；第二，政府是否有足够的财力；第三，从中国传统的家庭社会关系来看，是否意味着家庭代际之间不再相互依靠，也就是说子女不再赡养父母；第四，常年在外务工的年轻人的房子的修缮养护也要政府解决吗？

2018 年 1 月 30 日

和冯会计一起去县城领电视。这些电视是县文明办发给家里没有电视的贫困户的。盆珠村一共领了四台电视。

2018 年 2 月 9 日

这几天，江西省脱贫攻坚验收小组在遂川县抽查。接到镇政府通知，今天是验收抽查的最后一天，盆珠村被抽到的可能性非常大，让我们严阵以待。按照检查组前几天的活动规律，上午或者中午应该到盆珠村抽查，但是直到下午4点也没有到盆珠村。有消息说,检查组还在大坑乡某村检查,估计今天不会到其他村了。

得到这个消息,我决定提前放假回家了,因为春节前,脱贫工作不会再有检查了,另外回老家的票也越来越不好买了。我订的今天晚上的火车票也是了解到今天是省脱贫攻坚检查组检查工作的最后一天才订的。

本来我是想临近春节再回老家,因为今年是农村两委选举年,我想看看盆珠村两委选举情况,但是到今天为止还没有一点消息,从了解到的消息看,估计过了春节才能选举了。脱贫攻坚检查过后,乡亲们忙着过年,我在这边也干不了什么事,与其在这待着,还不如过了节早点回来。

2018 年 3 月 5 日

春节回北京前,我原计划是 2 月 23 日(农历正月初八)到盆珠村,因为我想看看党支部支委选举。但是,村支委选举是 2018 年 2 月 14 日上午,也就是除夕前一天选定的支委。冯会计、彭委员、刘委员 3 人顺利进入支委。冯会计说,他得票最高。3 月 1 日,镇党委任命他为支部书记(以下没有特别声明,冯书记就是指冯运华)。

晚上 10 点多,给冯运华书记打电话得到的信息如下:3 月 5 日盆珠村村干部进行了第一轮初选。参选村主任的人选:叶得 500 多票、彭得 300 多票、刘得 100 多票;村委委员参选人员:罗得 700 多票、刘得 400 多票、王得 395 票、彭得 395 票。

2018 年 3 月 18 日

3 月 5 日至 3 月 9 日,受民政部委派到江西南昌、九江、抚州等地检查救助站工作,我们同组的有福建省民政厅邱副厅长、福建省救助总站人员、泉州市救助站人员,后返回民政部提交检查材料。我 3 月 12 日才到盆珠村。

今天正式选举村主任和村委委员。我先后跟随三个选举组观察选举,三个组各有特色。

选举结果:叶、罗、刘、彭分别当选村主任、会计、妇女主任、保管员。

2018 年 3 月 21 日

上午,召开第一次新一届村两委干部会议。

镇政府驻村干部肖干事主持会议,并做简短发言:首先祝贺大家当选。这次冯运华高票当选,说明村民很认可冯运华书记。冯运华书记主持工作以来,工作能力和工作积极性得到镇主要领导、镇干部的高度认可。

冯运华书记说,关于近期的重要工作,前几天和赵康书记有过商量:一是土坯房拆迁;二是关爱老人儿童活动中心项目建设,需要先征地。关于工作分配,村主任承担 4 个组的日常工作,其他 3 位村委员各承担任 3 个组的日常工作。工作难度大的由冯运华书记协调解决。

下午,村干部讨论了关爱老人儿童活动中心征地的事。晚上,我和冯书记、叶主任、彭保管员一起按照下午商谈的原则,逐户到涉及征地的农户家商谈征地的事。

就我个人来说,我坚持不干涉咱们村里两委的选举。我认为冯运华书记高票当选是符合绝大多数党员和村民的预期的。冯运华书记对这届村委会成员也是很满意的。很多方面,我和他交流非常畅通。我认为冯运华在公平、公正、公开做事及与人沟通交流等这方面做得还是很好的。

2018 年 3 月 29 日

农村"外强中干"式的"弱势群体"的社会福利怎么保障。"外强中干"式的"弱势群体"是指,本来处于社会交往中的弱势地位,并且也没有"真本事",但是处处表现出要强的样子。他们不论见到谁,都"不服气",自己得到的认为都是自己应该得到的,得不到的好像别人欠他一样。这类群体在村里的"利益"往往得不到保障,例如在低保救助民主评议时,即使家庭条件不太好,但是也得不到票,村干部、村民小组长也不愿意帮他们说话。

一年了,尤其是 2017 年 12 月份以来,和冯运华书记接触交流的比较多,加上不少村民的反映,总体感觉他是办事公平、公道的村干部。

2018 年 4 月 10 日

经过 10 来次电话沟通,4 次现场协调,1 次面对面的激烈辩论,冯某和邻居就修墙纠纷终于达成和解协议。协议达成后,冯某的儿子当面说:"赵书记,你是我见过,也是我听说过的最好的干部,你不图一分钱的私利,没喝我们家一口水,为了我们邻里间和睦,不辞劳苦,帮助我们解决问题,我一定送您个锦旗。"冯某下班后,晚上 10 点特意到村委会向我表示感谢。冯某曾经因为宅基地边和邻居发生纠纷,双方闹得不可开交,镇派出所到现场调解无果,经过我对双方多次劝说、协调,终于有了圆满的结果。这才有了上面描述的情景。

2018 年 4 月 17 日

今天,国家扶贫办扶贫基金会童伴妈妈项目工作人员及省、县相关部门负责同志到县城东路社区考察。东路社区蒋主任给他们介绍了东路社区开展关爱儿童活动的进展情况。蒋主任说,东路社区的公共财产包括办公场所都属于公共资源,是政府免费提供的,社区就是为大家服务的场所,不是牟利的地方,社区的职责是给大家提供服务。

国家扶贫办扶贫基金会童伴妈妈项目是关爱儿童的项目,项目内容主要有:一是在社区内招聘一个学历相对高,有爱心,能保证每个周末及节假日陪孩子们学习或玩耍的中青年妇女,统一称呼为童伴妈妈,其工资由项目支付,每年大约2.4万元,含三险一金;二是每年为社区提供价值2万元左右的儿童桌椅、玩具及学习用品等;三是为童伴妈妈提供经费5000元左右的学习、培训机会。2018年2月份,全县上报15个社区,项目资助方希望先在10个社区做试点。

2018年5月13日

下午,接到县委组织部的正式通知,让我办理盆珠村的交接手续,收拾一下个人物品,准备到戴家埠乡七岭村任第一书记。

接到这个通知,既在意料之中,也让我落有遗憾。意料之中是指,中央组织部要求中直机关委派的脱贫攻坚驻村第一书记必须在未脱贫的"十三五"时期的贫困村,而盆珠村尽管是"十三五"时期贫困村,我来时还未脱贫,但是2018年3月份,国务院扶贫办已经通过了其脱贫验收,这样不论中央中组部和国务院扶贫办都显示盆珠村已经脱贫。按规定,我需要离开盆珠村到未脱贫的贫困村任第一书记。

遗憾的是,一年多来,我和盆珠村干部、村民及帮扶工作成员、镇驻村干部等结下了深厚的感情,即使是大家认为不好说话的几位村民见了我也热情有加,双目失明的刘某听到我的脚步声就高声地喊"是赵书记吧,赵书记到家里坐坐吧"。更重要的是,盆珠村各项工作顺利地如期推进:民政部和中国社会福利基金会支持的光伏发电项目已经并网发电了,预计每年可以给村里增加8万—10万元集体收入;挂职干部刘局长帮助引进的由长江商学院支持的关爱老人留守儿童中心项目合计 120 万元的项目经费已经到账三分之二,征地工作已经顺利结束,近几天就要正式动工了;由民政部引进的中国社会福利基金会支持的"童伴妈妈"项目(每年 5 万元,首期持续 3 年)各项准备工作已经到位,就差一个开班仪式了;200 万—300 万元的高标准农田建设项目,在我和冯书记多方请示、汇报、沟通下,已经获得批准,最近也要动工了。这些项目的落成,将对盆珠村的农业生产及人文环境的大幅提升起到特别积极的作用。我原来设想的把盆珠村打造为现代社会治理模范村和贫困村过渡为乡村振兴典型村,也将不能在我的亲眼见证下实施了。

2018 年 5 月 14 日

上午 8 点,冯书记先到村委会,我把接到的调离消息告诉他。感觉冯书记也非常遗憾,非常依依不舍,一再追问,这个结果不能改变了吗,由村干部牵头到镇党委、县组织部请示留下行吗?我把我调离的原因给他解释后说,既然上级组织这样安排,我们服从安排吧,以后咱们经常沟通,有机会我也会经常来盆珠村。

8 点半,把这个消息告诉其他村干部,所有的村干部都依依不舍地说,怎么说走就走了呢,怎么这么快呢,给盆珠村争取的项目最近都到位了,我却去其他村了。10 点钟左右,冯书记、罗主任听说我要走了,也都到村委会表达不舍的心情,并要求一定不能忘了盆珠村,一定经常来盆珠村。村两委干部、镇驻村干部、县直单位扶贫工作队队员一致要求举行个欢送仪式,让全村的老百姓都给我送行,我坚决不同意。在双方僵持不下的情况下,我解释说,如果举行了欢送仪式,大家都知道我走了,我以后再来盆珠村就不方便了。这样,他们才不再坚持给我举办欢送仪式。

　　既然组织已经决定让我换村,倒不如早点去戴家埠乡七岭村,于是就跟县委组织部联系,明天(15日)上午去七岭村。

七岭村日记

2018 年 5 月 15 日

上午 9 点离开盆珠村,11 点半到戴家埔乡政府。放下行李后,戴家埔乡党委书记刘书记带我和七岭村村干部见面,我和村干部都做了自我介绍。

七岭村村委会坐落在戴家埔乡油坑村的主街道上,村委会一共两层,每层 60 平方米左右。一层有 2 个房间,一个是厨房,空间比较小,就一个煤气灶,一个放油盐酱醋、切菜的案台,每次最多能容下 2 个人;另一个房间作为村干部中午吃饭的餐厅,这个餐厅也仅仅能放下一张 8 人餐桌;另外还有一个仅能容纳一个人的卫生间。二层有 4 个房间,一大间占二层的一半作为会议室,其他 3 个房间都是仅能放下 2 张办公桌,其中 1 个房间放了一台电脑。除了会议室,其他 3 间仅能容下 5 个人同时坐下办公。

七岭村村干部:村支部魏书记、村支部书记助理钟助理、村主任刘主任、李会计、妇女主任李主任、村委陈委员。

由于七岭村村委会条件有限,放不下床,暂时没有住的地方,我就住在戴家埔乡政府集体宿舍,这里距离七岭村委会三四百米。

下午收拾收拾房间。晚饭后 6 点,我约了陈队长(遂川县环保局执法队副大队长,我来七岭村之前,他是七岭村第一书记,也住在乡政府集体宿舍,就住在我隔壁)和七岭村支部书记魏书记到村里走了走。回到寝室将近 10 点了,我和陈队长畅谈了 5 件事情:一是七岭村村情民貌;二是七岭村脱贫攻坚现状;三是七岭村贫困户是否存在错评漏评现象;四是他在七岭村的工作经验;五是七岭村的脱贫攻坚工作下一步怎么做。

七岭村位于遂川县西部山区,距离县城 65 公里,小轿车 1 个小时 20 分钟左右路程,公共汽车一般要两个半小时,车费是 23 块钱。具体地说,七岭村地处戴家埔乡西南面,东接油坑村,南连戴家埔村,西至阡陌村,北临大洞村,村委会位于七岭圩镇(说是七岭圩镇,实际是在油坑村街上),七岭村是由原七岭村和桥水村合并形成的,系"十三五"重点贫困村。全村地势西南高、东北低,最高山峰海拔 800 多米,主要是山地、丘陵、岗地平原为主,全村森林覆盖率 70%。

全村分 4 个自然村,17 个村民小组,369 户 1441 人。七岭村土地面积 1692.15 亩,耕地面积 1003.5 亩,林地面积 15918 亩,主要以种植水稻、茶叶、毛竹、油茶和外出务工为主要经济来源,全村人均年纯收入 3200 元(七岭村脱贫攻坚项目简介显示的 2017 年年底数据),贫困程度较深。集体经济方面:一是店面出租每年 5420 元;

二是公益林收入,公益林面积共计 3615 亩,每亩 8 元,计 28920 元;三是天然林收入,共计面积 458.2 亩,计 13287.8 元。目前村收入共计 47627.8 元。

七岭村建档立卡贫困户 118 户 443 人,其中 2014 年脱贫 45 户 192 人,2015 年脱贫 13 户 55 人,2016 年脱贫 14 户 50 人,2017 年脱贫 22 户 64 人,2018 年脱贫 20 户 68 人,2019 年脱贫 4 户 14 人。全村低保户 60 户 104 人。四类户人员:有就业无产业 8 户 34 人,有产业无就业 17 户 47 人,无产业无就业 5 户 5 人,一人就业负担多人 2 户 9 人。

七岭村村民居住比较分散,有的走近道到村委会需 5—6 公里,搬迁移民户比较多,其中距离村委会 4—5 公里的下马组二三十户都搬迁到村委会周边了。

2018 年 5 月 16 日

上午,和陈队长一起走访贫困户。走访到的农户家庭简要情况和反映的问题如下。

第一户,古某。他两个儿子,大儿子是贫困户,二儿子是非贫困户。两个儿子原来住在同一个老房子里,后来因为地质灾害搬迁到公路边上。

第二户,古某某,非贫困户,家庭人口 7 人,夫妻 2 人,4 个孩子,母亲 73 岁,去年摔伤了,现在还没有痊愈,妻子外出务工了。古某某兄弟二人,爸爸跟着哥哥生活,希望要个低保。自己家门口有个水渠经常堵水,希望政府能帮助解决。

第三户,古某,贫困户,妻子甘某某在家,2 个儿子,1 个女儿,大儿子 10 岁,小儿子七八岁,女儿 6 岁。她家的房子是按照搬迁移民标准每人 6000 元补助的,5 人共获得补助 3 万。反映问题:家庭收入低。主要诉求:一是早点给建房子的补助;二是办理房产证。

第四户,王某某,贫困户,儿子古某某外出务工,孙女 11 岁。反映问题:一是,没有"出路",现在家门口是一条相对宽深的沟渠(宽 1.3 米,深 1.5 米),沟渠上搭了个门板,作为临时出路;二是,临房子这边的沟渠附体松动,恐怕雨水大了会坍塌危及房子安全(房子墙体和沟渠最近处不足 1 米)。诉求:帮助修路、加固门前沟渠堤。

第五户,刘某某,贫困户,党员,77 岁,儿子去世,留下三个孩子,儿媳已经"转嫁",但是还和 3 个儿子及刘某某住在一起。反映问题:收入低。诉求:提高低保标准。

上午走访发现的其他问题及建议:

一是贫困户档案资料不全,例如缺身份证复印件等。建议补全。

二是贫困户资料内容填写不完整,例如林某某家享受寄宿补贴 625 元没有填写到档案资料里。

三是致贫原因与事实不符合。建议查实致贫原因。

四是贫困户档案袋里材料太乱,例如教育、医疗等方面的资料全在一个档案袋里。建议把资料"分袋"保管。

五是"四个一"产业帮扶普遍偏低,产业奖补项目,有的家庭没有,有的家庭获得一两千元,没有发现获得奖补三千元以上家庭,而县扶贫办制定的奖补政策上限是五千元，盆珠村 80% 以上的贫困户家庭达到上限。建议扩大茶叶、油茶等种植面积，或者对现有的茶叶、油茶等经济作物低改，或者增加养殖项目，并申请相应的补助。

六是帮扶记录不完善，例如没有 2016 年的走访、帮扶记录，也没有给 2016 年走访、帮扶留空页。建议，按时间顺序如实填写，如果前任帮扶责任人没有填写，后续帮扶责任人在填写帮扶记录时，留下空白页，让前任帮扶人填写或者代写，因为脱贫攻坚检查时要求走访、帮扶记录从 2016 年填写。

下午，继续和陈队长一起走访贫困户。

第一户，林某某。反映问题：一是，曾经给乡政府反映，想在家门口修一条惠及五六户家庭的路；二是，乡里工作队修的卫生厕没有用过就坏掉了，主要问题是不下水。主要诉求：房子还想再加一层。

第二户，林某某。问，女儿林某某学开车是否有补助。无其他问题和需求。

第三户，林某某，70 多岁的五保老人。反映问题：房子漏水，疑似危房。他的侄媳妇说，和林某某条件一样的，甚至还有女儿的都享受了交钥匙工程房，他无儿无女，为何享受不到交钥匙工程房？诉求：要求享受交钥匙工程房，即政府建新房子，竣工后，领到钥匙即可入住。

第四户，何某某，5 口人，住的是移民安置房，72 平方米，在乡政府旁边。反映的问题：2016 年何某某生病有低保，2017 年没有低保。"出路"有一段低洼,雨水大了出入不方便。建房子时,买的地皮钱7.8万元,开了2.8万元的票,还有5万元没有开票。主要诉求:移民房加一层。帮助修"出路",或给点材料自己修。

第五户,王某某,单身。反映的问题:当保洁员公益岗位,说的是每月600元,现在每月只给400元。

第六户,赖某某,80多岁,3个儿子,大儿子50多岁在外地务工,二儿子50岁在戴家埠乡中心小学教书,三儿子40多岁在外地务工。赖某某和二儿子媳妇户口在一起,生活在一起。赖某某在吃低保。

2018年5月17日

今天,和钟助理一起,走访了13户贫困户,其中大部分贫困户没有反映什么问题,也没有提什么诉求。个人认为需要记录的有这么几户。

陈某某,她的老公2015年去世,女儿已经出嫁,住的是交钥匙工程房。

王某某,病危状态,陈队长介绍了他的一些情况。

邹某某,已经脱贫,有个两三个月大的孩子,不知道是否登记到扶贫网上了。公公婆婆都是50多岁的人,家庭致贫原因是缺少发展资金。从住房和家庭人口结构看,家庭条件还是挺好的。

图 7　赵康(右)与支部书记冯运华分析新引进的牧草生长情况

2018 年 5 月 18 日

17 日和 18 日走访贫困户发现的问题及建议:

一是部分残疾人没有办理残疾证。建议:乡政府或村委会组织协助他们办理残疾证。

二是多数有残疾证的残疾人没有得到残疾人应该享受的补助。建议:把相关资料提交乡民政所,办理残疾人相应的补助,如为 1—2 级残疾人办理护理补贴,为生活困难的 1—2—3—4 级残疾患者办理生活补贴。

三是按规定,残疾人补贴每年最低 600 元,为何有的残疾人每年才 300 元补贴? 例如,林某某家就是 300 元。建议:到乡民政所问明情况。

四是贫困户登记证上的年龄应该是 2014 年,而登记证上现在填写的年龄是 2016 年或者是 2017 年的年龄。建议:由帮扶责任人改正。

五是家庭人口增减,贫困户登记证上没有显示。建议:到乡扶贫站网站查贫困户信息,如果有,及时登记到贫困户登记证上;如果没有,国家贫困户网络放开时及时增减人口信息,然后登记到贫困户登记证上。

六是许多家庭信息登记证上,收入信息不全,例如古某某家的烈士抚恤没有填上去。建议:及时完善信息。

七是移民搬迁户反映建房补助问题,都是贫困户,都是 2017 年建的房子,为何有的是 1.25 万元,有的是 1.45 万元? 其他有的按照每人 6000 元,有的按照每人 20000 元补助。建议:到乡政府查明原因。

八是移民搬迁户的房产证,尽管已经过去两三年了,但是现在都没有办理。建议:督促乡政府抓紧时间办理房产证。

九是桥水组存在的最大问题有两个:一是没有网络信号;二是饮用水不卫生,圩镇也存在饮水不卫生问题。建议:一是联系县移动公司,建网络信号基站;二是给乡政府或者县环保局反映,让他们想办法解决。

十是家庭排水不畅通,例如移民户古某某和李某某家污水没有排水管道,目前是生活污水到处流。建议:反映给乡政府。

2018 年 5 月 27 日

今天一位贫困户来村委会反映问题,主要问题是,他家还住在山上,交通不便,乡村干部动员他家搬迁下来,并给他找好了宅基地,而他看中了乡中心小学的一处宅基地,但是他又拿不出那么多钱(那块地的面积大,价格也相对高)。因此,他认为乡村干部对他帮扶不到位。

2018 年 5 月 30 日

今天,驻村干部和村两委开低保评定会议。乡驻村干部和魏书记传达了乡政府关于低保会议的内容后,魏书记让大家听听我的意见。我首先强调,评低保一定要公平、公正。这点得到村干部的认可。接下来,我介绍了我计划评定低保的程序。第一步,驻村干部和村干部把确实需要保障的人员列出来,这些名单要确保无争议,也就是说既不能把条件好的列进来,也不能把条件差的漏掉,否则,说明你这个村干部不称职。第二步,按照往年低保数量,把剩余低保名额,按照村民小组人数和全村总人数的比例分到各组,在村民小组内评选,评低保时,包组村干部一定要在场,避免个别组因为家族势力和个别人因人际关系而出现错评漏评现象。我进一步解释说,小组评不是最终结果,而是类似于推荐。最后也就是我要说的第三步,各村民小组把自己组的推荐名单提交到村委会,经过驻村干部、村干部、党员、组长、村民代表等集中开会讨论评选,如果提交的这些人家庭条件相对好,那么他们组需要重新提交替补名单,如果不提交替补名单或者提交的名单还不符合低保要求,那么就把名额给其他组。这样解释后,大家都没有意见,村干部就开始讨论名单了。

我之所以这样规划评定低保的程序,是结合在盆珠村的经验教训及在七岭村走访时发现的问题而提出的。这个问题,在其他方面有更详细介绍,这里不再赘述。

2018 年 6 月 3 日

原计划是和江西省扶贫办一位副处长推荐的无人机喷洒农药单位的人,到盆珠村试验无人机喷洒农药的效果,由于这件事之前是我牵头联系的,盆珠村冯书记坚持让我过来看看,也正好见见这边的"老表"。因为天气和其他事情,对方临时改变行程,他们今天不来盆珠村了。

今天是星期日，盆珠村的童伴妈妈正在组织村里的孩子搞活动，人特别多，中老年人就有二三十个，还有 20 多个 10 多岁的小孩子。大家看到我后，都很热情，主动和我握手，回顾着我在这边和他们相处的快乐日子。他们都说我在盆珠村时没有照顾好我，没有到他们家吃过饭，都"抱怨"说我走时连个招呼都不打，他们连送行的机会都没有，感觉很对不起我。让我特别感动的是老支部书记王书记，他有好几次眼泪都流了出来。

晚上，参加戴家埔乡机关干部会议。会上，有的乡干部用本地话发言，我似懂非懂，但是听懂的内容比个别村民用普通话说的还多。我认为，戴家埔乡客家人居多，他们主要用客家话交流，即使用普通话和我说话，由于口音、音调等原因，我还是有很多听不懂。

进一步说，我能听懂乡干部的地方话，是因为他们说话的时候时不时夹杂着"书面"语言（当然这些"书面"语言较多的是普通话），而一般村民更多地是用"传统"的话，当他们用替代语言表达某个意思时，是用一种更"传统"的语言代替另一种地方话。地方基层官员则较多地用"书面"语言代替方言，而这些书面语言的替代，就是我能"猜"出乡干部表达意思的关键。

2018 年 6 月 7 日

6 日，民政部唐副部长一行 6 人来遂川调研。7 日在珠田乡仙溪村走访贫困户时，唐副部长坚持不让更多的人陪同，他们一行 6 人分为 2 组，每组 3 人，调研时，每组另外加派县民政局 1 位懂业务的、乡里1位及村里1位带路的,这样每组6名成员。

走访后,开了座谈会。遂川县民政局曾局长谈了几点看法:一是低保申请户收入难核定,现在外出务工多,家庭财产、固定资产、车等难以核实;二是低保、救助等资金缺口大;三是落实低保听证制度难度大。建议对评不到低保的人采取适当的补救措施。县扶贫办古主任提出几点看法:一是给五保户建交钥匙工程房,得到群众的赞赏;二是低保户和贫困户高度重叠难度大;三是对贫困户立规矩少,对于贫困户的需求依赖的应对措施少;四是个别政策之间有冲突,一边是允许县域内整合资金确保短期内脱贫,而一边又有政策要求"保障"等方面的资金不能整合。

2018年7月5日

我和郭书记、陈队长三人讨论七岭村基础设施问题。

软件方面:一是,补充完善一户一档资料,包括贫困户家里和村委会留档的;二是,10日前,完成贫困户上墙资料,包括贫困户年度受益公示表、干部办责任牌、第一书记及工作队长公示牌等;三是补充完善村里的综合资料,包括扶贫计划和会议记录。

2018年7月9日

今天有3位贫困户到村委会问两个问题,给他们做了详细讲解。一是关于建房补助。建档立卡贫困户拆旧建新或异地新建每户补助2.2万元。二是种植油茶补贴。按标准新种高产油茶,面积

3 亩以上,成活率 85% 以上的,且使用省定点育苗单位供应的油茶苗的奖补 700 元/亩(含苗木费),其中第一、二、三年分别奖补 400 元、200 元、100 元;按标准对原有的油茶进行低改,集中连片面积 5 亩以上(可连户成片)的,奖补 350 元/亩。

遂川县为发挥产业扶贫奖补资金的牵引带动作用,鼓励建档立卡的贫困户发展脱贫致富产业,推进贫困户脱贫致富进程,特制定 2016 年冬至 2020 年的产业扶贫奖补办法。每户奖补上限 5000 元。

茶叶奖补:按标准新种茶叶 1 亩以上(含本数,下同),成活率达 85% 以上的,奖补 1000 元/亩,其中第一、二、三年分别奖补 500 元、300 元、200 元;按标准对原有的茶叶进行低改,面积 1 亩以上的,奖补 500 元/亩。

油茶奖补:同上。

金橘奖补:按标准新种金橘 1 亩以上,成活率达 85% 以上的,奖补 1000 元/亩,其中第一、二、三年分别奖补 500 元、300 元、200 元;按标准对原有的金橘进行低改,面积 1 亩以上的,一次性奖补 500 元/亩。

井冈蜜柚奖补:按标准新种井冈蜜柚 1 亩以上的,由政府免费提供每亩 30 株营养袋苗木,另奖补 500 元/亩,其中第一、二、三年分别奖补 300 元、100 元、100 元。

脐橙等其他奖补:新种脐橙、黄桃、香芋、中药材等作物 1 亩以上,成活率达 85% 以上的,一次性奖补 500 元/亩。

笋竹奖补:以深挖垦复方式(包括垦复、号竹、留养)进行笋竹两用林培育集中连片 5 亩以上的,一次性奖补 250 元/亩。

毛竹奖补:按标准对原有的毛竹进行低改,面积 5 亩以上的,一次性奖补 150 元/亩。

养殖奖补:对饲养鸡、鸭、鹅等禽类的,由帮扶单位或干部免费提供幼苗;对饲养猪、牛、羊等畜类 2 头以上的,奖补 500 元/头。

奖补程序如下:

一是项目申报。由贫困户向所在村提交书面申请奖补项目,各村汇总后报乡镇,乡镇对贫困户的相关信息核实无误后汇总报送县脱贫攻坚指挥部产业部备案。

二是项目设计。县乡村帮扶干部要围绕产业发展与所帮扶的贫困户一对一帮扶,根据贫困户的具体情况,为其量身定制产业发展计划,帮助贫困户算好成本、算好收入,引导贫困户主动积极参与到产业扶贫项目上来,并根据贫困户的意愿从"四个一"扶贫产业中确定 2 个以上产业进行项目设计。

三是项目实施。由贫困户自主实施项目,完成后向所在村申请验收,村汇总后向乡镇申请验收。

四是乡镇验收。乡镇根据各村验收申请,组织人员进行验收,并将验收结果报县脱贫攻坚指挥部产业部备案。

五是复核公示。县脱贫攻坚指挥部产业部相关单位开展抽查复核,复核合格后,由乡镇和村分别进行公示。

六是资金拨付。公示无异议后,由县脱贫攻坚指挥部按相关程序将奖补资金拨付至贫困户"一卡通"账户。

2018 年 8 月 2 日

下午，分别和陈队长、郭书记商量了村里工作的事，主要有这么几项内容：一是最近脱贫攻坚任务重，村内还有几户贫困户硬件设施没有落实，例如卫生厕所、房屋漏水（主要是厨房）等问题；二是村里贫困户资料还没有整理，不论村里还是贫困户家庭里的档案资料基本和 5 月份差不多；三是村两委班子工作积极性不高。我介绍了盆珠村村干部工作状态，建议带七岭村村干部到戴家埔村、阡陌村，甚至盆珠村看看他们的工作情况。

2018 年 8 月 4 日

上午，和戴家埔乡肖乡长谈了最近的工作情况。谈到村干部时，他总结了农村优秀村干部的四个基本条件：一是个人家庭经济条件好；二是年龄不太大；三是不能太自私，要有公益心；四是要有点文化。

2018 年 8 月 6 日

上午 8 点，参加了戴家埔乡机关干部会议。会上，肖乡长先传达了县委县政府等关于殡葬改革的座谈会。一是关于谁带头的问题。二是关于建设乡公墓的选址问题。

2018 年 8 月 7 日

早 8 点半,参加乡机关干部会议。会议主要谈了县扶贫办对深度贫困村的检查及发现的问题。之所以记录这几个问题,是因为我在想 3 件事:一是基层干部把工作的重心放在哪里;二是深度贫困村的特点或者说标准是什么,深度贫困村和"十三五"时期国家级贫困村有哪些差别;三是贫困户为何一直识别不准。

下午走访贫困户,沿途村民反映了几个问题,主要有 3 个:一是水源问题得不到根本解决。饮用水,坑里组饮用水是和灌溉用水连着的,一旦浇地用了水,饮用水就上不来了;二是戴家埠乡中心中学门口、桥头的垃圾中转站,这中心中学门口,是七岭村部分居民到村委会、乡政府、圩镇办事的主要交通要道之一,垃圾站最好能换个地方;三是修久营公路时,说的每亩稻田补助 2000 元,1 年多了补助还没有到位;四是从村民住房条件及家庭生活用品看,贫困户和非贫困户没有多大差别,甚至有的贫困户比非贫困户还好些。

2018 年 8 月 9 日

这几天既要排查全村居民生活基础设施,如厨房、卫生间等配套设施的建设情况,又要完善贫困户档案资料。

2018 年 8 月 15 日

魏书记选择的活动地点。

学院社工所邹所长、社工系赵主任及刘老师一行 3 人，以社会工作学会的名义完成民政部部管社会组织参与脱贫攻坚任务，到七岭村做社工活动。这几天正赶上县组织部和扶贫办满意度测评，我计划在浤湃自然村做活动。我把自己的想法跟郭书记和魏书记都说过，并且在乡驻村干部和村干部会议上我也明确提出，历次脱贫攻坚检查，浤湃自然村的满意度都不是很高，为了提高满意度，也因为那边人口居住也比较集中，小孩子也比较多，计划在浤湃自然村做活动。

晚上，和邹所长、赵主任谈了贫困和扶贫的问题。邹所长说，弱势群体更应该有更多机会融入社区。赵主任说，扶贫不仅仅是经济方面，还应该考虑个体素养怎么更好地发展。我给他们介绍遂川县的情况，相对来说，遂川人挺重视读书，学生考上高中、中专、大学都要庆祝，并且还挺正式。想获得贫困户认可，除了做好实事外，还要做好政策解释和感情关怀工作。

2018 年 8 月 17 日

今天上午，约着戴家埔乡驻村干部、七岭村干部到盆珠村看贫困户资料，看盆珠村村干部工作状态。晚上，参加了乡机关干部全体会议。

2018 年 8 月 22 日

早上,和乡经管站张站长谈了戴家埔乡(含七岭村)光伏扶贫和光伏发电增加村集体经济收入的情况。

2018 年 8 月 30 日

给残疾人领轮椅的事。8 月 14 日,从残疾儿童林某某家出来,我问魏书记七岭村有多少需要轮椅的。我说,准备到县残联给村里的残疾人申请几辆轮椅。我让魏书记把需要轮椅的残疾人姓名、身份证号、残疾证统计一下,到时候一起交到县残联。当时,郭书记(戴家埔乡纪检书记,七岭村和油坑村片长)听见后说,希望也给油坑村申请几辆。今天上午,郭书记说,油坑村一直没有统计好名单,让我先把七岭村的报上去。

2018 年 9 月 1 日

晚上召开乡机关干部会议,会议的主要内容是脱贫攻坚。刘书记传达了县委脱贫攻坚会议的内容。刘书记说,现在是很苦,脱贫攻坚结束前会越来越苦,班子成员要在脱贫攻坚关键阶段带好头。班子成员带好头,各组一般干部才能跟上,才能把工作做好。对村干部,要让他们的作用发挥到最大。戴家埔村和七岭村这两个未脱贫的贫困村一定要一户户排查。

之后,又召开了驻七岭村干部小会议。刘书记、郭书记、张站长和我参加了会议。刘书记说，七岭村遗留问题多，七岭村是乡主要领导关心最多的地方。对七岭村的情况，驻村干部一定要有思路。改厕、完善贫困户资料、修淲湃组桥等问题，一定要抓紧落实。

2018 年 9 月 4 日

下午 1 点左右，刘书记给我打电话让我去县扶贫办等待国务院扶贫办检查组的访谈。这次国家检查组成员来了 4 人，1 位处长带队，其中有 1 位在河北某贫困村挂职第一书记。

见到检查组，我汇报了七岭村的脱贫攻坚现状。闲聊时，我说，现在正是产业转移的时候，如果把东部沿海地区的劳动密集型产业往这边转移，对持续提高这部分群体的收入应该有很大帮助。检查组问，七岭村是否需要这种产业。我说，中西部地区劳动力丰富的地方都需要这种产业转移吧。

2018 年 9 月 10 日

今天参加了戴家埔乡初级中心中学的教师节活动。总体感觉遂川县是很重视教育的，主要体现在三个方面。一是，乡主要干部，例如肖乡长，能记住本乡每年所有考上一本、二本的学生数，甚至能记住考上一本的学生名字及其报考学校名，不但如此，而且能记住戴家埔乡当年考上高中、小中专人数，甚至孩子的家长姓名都能记得。二是，主要村干部，例如魏书记，不但对本村考上大学、研究生的学生如数家珍，对考上高中、"三定向"的学生也都能一一数来，谁家的孩子考到哪个学校，家庭情况如何，等等，你想问的问题他基本能对答如流。三是,隆重的谢师宴,最能体现当地重视教育。在谢师宴上,老师坐到主桌主位上,其他人不论官职级别多高、辈分多高都算陪客。

2018 年 9 月 11 日

上午参加了戴家埔乡机关干部会议。这次国检抽查了 8 个乡镇 17 个村,发现了诸多问题,其中比较严重的是大汾镇有 1 户没有门窗。张书记传达了省委省政府要求:江西省的脱贫攻坚要走在全国的前列,现在就看吉安的了,吉安的重点是最后脱贫的遂川县。

肖乡长传达了昨天在县城开会的精神。这次国家脱贫攻坚检查组反馈的主要问题有:一是基础工作不扎实,有的贫困户资料缺走访记录;二是脱贫攻坚宣传不到位,仍然有贫困户不知道什么时候评的贫困户;三是村庄环境和个人家庭环境差;四是政策落实有偏差,对低保户和非低保户家庭情况摸得不透。

下午,乡机关干部继续上午的会议。刘书记要求,逐片、逐村、逐户核对住房、卫生厕等具体硬件设施。

江西省扶贫办史主任对干部帮扶工作"结对帮扶"四个字的解释如下。结:和贫困户真正结成亲戚是帮扶的最高境界。对:对症下药;对标准开展帮扶;对策落实;对需解困。帮:帮两业,就业和产业;帮两不愁、三保障。扶:智志双扶,技术培训,人穷志不穷;扶技能,扶产业,扶道德,扶勤劳。

2018 年 12 月 6 日

11 月初,有天下雨,我跟厨房的徐师傅说,下雨了,要冷了。他说,不会呀。他指着厨房的地板说,你看地上潮湿,这种天气不会冷呀。因为这是刮的南风,是暖风。如果下雨天房间地板是干燥的,天气就会冷,因为那是北风。我说,今天没有风呀。他说,有时候的风,我们是感觉不到的。

这几天连续下雨,感觉很冷,想起来徐师傅说的是否冷的标准,我专门到厨房和屋檐(类似过道)下看了看,果然地板不潮湿,看着干干的。

2018 年 12 月 31 日

我给陈队长打电话说,计划把贫困户召集起来,给他们开个会,做扶贫知识宣讲,之后让参会的贫困户进行有奖抢答扶贫知识,让他准备点肥皂、牙膏之类的小礼品,五六百元就够了。陈队长说,这个好办,他跟魏书记沟通一下,如果村里买就村里买,如果村里不买,他们单位买。我说可以。我同时建议,这个活动就说是咱们工作队做的,最好他们单位能把这几百块钱出了,这样就不用村里出钱了,免得他们事多。陈队长说,他跟冯局长说说,应该没有问题。

2019 年 1 月 1 日

元旦放假,回单位几天,处理一些寒假前的事。按往年经验,脱贫攻坚工作春节前就元旦这几天相对轻松些。看到泉江镇脱贫攻坚微信群里有消息说,国检提前了,应该是 5 号左右。陈队长也说国检提前了,希望我早点回来。后来又陆续说是 7 号到 12 号。这期间,我很纠结:学院的课题估计最近要答辩,因为根据以往经验,放寒假前是要出结果的,这样算来答辩也就是这 3—5 天的事。我最后决定:先回七岭村,如果期间检查没有抽到七岭村,我就及时回来准备课题答辩。

2019 年 1 月 15 日

扶贫工作期间,很多人感觉对不起自己的家人。

今天和戴家埠常务副乡长杜乡长谈脱贫攻坚的事。杜乡长说,脱贫攻坚以来,感觉天天都有干不完的活,1 个月难得过一两个周末,很多时候忘了周末和节假日。自己家距离儿子的学校 1 公里多,不论阴天下雨,10 来岁的儿子天天自己上下学,感觉挺对不起儿子,尤其是看着别人接送孩子上学放学,自己会莫名其妙地想到儿子形单影只地回家。

稍后,和刘书记聊天,谈起最近繁忙的工作对家里的影响,他说,自己老婆怀孕因为照顾不周流产,做了 2 次手术,一次 2 个多小时,一次 5 个多小时,自己都不在现场,自己的姐姐照顾妻子,因为太困、太累,妻子没有出院,姐姐就在医院直接打吊针了。9岁的儿子从家到学校(县环保局附近到泉江小学)半个多小时路程,天天一个人风里来雨里去,现在见面就很少叫爸爸。

2019年3月2日

2月25日至3月2日,江西省委托的脱贫攻坚第三方评估组对遂川县脱贫攻坚成果进行验收评估。今天(2日)上午,评估组回访了前几天抽查的几个村,中午吃过饭,评估组所有成员都返程了。这次评估基本决定着遂川县是否可以脱贫摘帽。

评估组不是对所有乡镇、所有贫困村进行检查验收,而是根据每个乡镇、每个行政村的地理位置、行政村人口、收入结构及收入水平等因素选取一定比例的贫困村和非贫困村抽查验收。这次抽查到了戴家埔乡大洞村。

七岭村在春节前接受了吉安市组织的脱贫攻坚验收评估,顺利通过退出贫困村验收,这次没有抽到。

2019年3月31日

3月2日后,县、乡镇、村等各级扶贫干部相对轻松了很多。最近一个月来,我白天就在村里走走,和"老表"聊聊天,他们有什么问题,能解决的及时解决,不能解决的反馈给村两委或乡政府驻村干部,晚上在寝室看看书、写写自己的科研文章。

从各种渠道了解到的消息显示,遂川县顺利通过江西省委托的脱贫攻坚第三方评估组的验收是没有问题的,也就是说遂川县很快就会成为脱贫攻坚摘帽县。随着遂川县脱贫摘帽的消息越来越清晰,临近月底,我驻村任第一书记两周年的日子越来越近,也听说了民政部已经选好的另一位第一书记即将到岗。3月25日,经请示民政部人事司,我将于3月底返回原单位上班。

3月26日,我找到刘书记说,按计划,我任职第一书记即将到期,也请示过民政部人事司,月底就可以回原单位上班了,计划4月1日回原单位上班。刘书记说,我到七岭村任职第一书记不到一年时间里,工作扎实,七岭村脱贫工作取得了显著成绩,使得七岭村顺利脱贫,为人处世务实、诚恳,深得人心,不论是电话匿名测评还是检查组入户检查,多次获得100%满意,实属难得。刘书记这些话也是对我最好的肯定。刘书记坚持要给我举办送行仪式。我说,一定不要举办送行仪式,今后,不论是国家检查组或者省检查组来这里检查或脱贫攻坚回头看,只要需要我回来,我会请示单位领导回来配合咱们这边的工作。听了这话,刘书记才没有坚持给我举办送行仪式。

27日上午,我到村委会,把昨天(26日)给刘书记说的内容给村干部和乡驻村干部说了。尽管大家都非常不舍,但是也都知道我终究是要回原单位工作的,也都说了很多客气话。

明天(4月1日)我就要启程返回北京社会管理职业学院报到上班了。两年的扶贫工作经历,将对我以后的工作和学习产生深远影响。

中编

脱贫攻坚思考

我当驻村第一书记蹚出的脱贫攻坚之路[*]

受组织委派,我于 2017 年 3 月起,先后在国家级贫困村江西省遂川县盆珠村和七岭村任职"第一书记",做脱贫攻坚工作。目前盆珠村已经脱贫,在接下来不到一年的时间里,我将不负组织重托,一如既往地履行好"第一书记"职责,不忘初心,牢记使命,为脱贫攻坚贡献自己的绵薄之力。

抓党建,树新风,促脱贫

抓基层党建,增强基层党组织凝聚力,凝聚脱贫攻坚向心力,强化党组织脱贫攻坚的引领作用,为脱贫攻坚提供坚实的组织保障,是驻村"第一书记"的主要职责。在农村,真正落实"三会一课""两学一做"学习教育是件费脑筋的事,照本宣科地念材料,"老表"没有多大兴趣。我通过各种途径查阅资料,讲"老表"熟知的伟人、革命先烈故事,这样他们不仅爱听,还能和我互动。同时也讲讲历

---

* 原载《中国社会报》2018 年 8 月 6 日。

史上汉奸、叛徒及当今个别贪污犯等败类给中国革命和社会建设带来的伤害。通过正反面事例对比,适时地把"党章和系列讲话"穿插进来。这样,广大党员感觉上党课既是一件有趣的事,又能树立"四个意识",提升党性修养。同时,我注重加强盆珠村党组织建设,协助镇党委完成盆珠村党支部换届工作,吸纳了优秀年轻党员进入村党支部。优秀年轻支部的忧患意识、市场意识、致富意识、乡村振兴意识更加强烈,更加有干劲。现在,盆珠村党组织凝聚力明显增强;党员干部的集体意识,敢于担当、实干的模范带头作用都有了明显提高。

抓两头,带中间,树志扶智全面脱贫

这里说的两头,一头是指深度贫困户;一头是指有发展潜力的贫困户。一般情况下,深度贫困户除了客观的家庭原因外,还与其家庭主要劳动力"懒惰、无志"有关。盆珠村刘志刚(化名)家,妻子轻微智障,丈夫身材瘦弱,15 岁的儿子正在上学。刘志刚以体弱为由,有活不干等靠低保。村里有零工、扶贫车间,他以各种理由拒绝;家门口修路派工,大热天别人干活时,他非但自己不参与,还拎着两瓶啤酒坐在门口吃吃喝喝,说着风凉话。对这种人,干部没办法、群众意见大,不评低保,他是深度贫困户;评低保,大家认为国家拿钱养懒汉。和刘志刚多次聊天后,我发现,他对未来的美好生活还是有期待的,经常向往着 10 年后儿子结婚生子,自己就可以当爷爷了。抓住这一点,我从精神上激励他好好干、多挣钱,争取给儿子娶个好媳妇。盆珠村上党课,我特意把刘志刚喊来,一起听党课,一起参加义务劳动,增强他的集体意识、荣誉意识。开始时刘志刚有抵触,后来感觉挺有意思。同时,为了让他增加收入,得实惠,我协助刘志刚争取到了油茶种植扶贫项目,并让参加过种植培训的贫困户彭某某给他做技术指导。现在,用他自己的话说,年收入增加了一两万元,乡里乡亲对他态度也好多了,生活更有意义了,自己向往的生活更有希望实现了。类似的情况还有很多。一年来,通过努力,盆珠村村民的思想状态、精神面貌有了明显变化,"等靠要"彻底没了市场。

考虑"善变人"善变的真实原因,啃下硬骨头

脱贫攻坚中总有一些"软硬钉子户"。这里说的"善变人"就是其中一种,他们说话不算数,对别人做出的承诺说变就变。盆珠村就有这么一个不靠谱的人。冯之乡(化名)家住的是土坯房,按贫困户土坯房改造文件,他家可以选择高标准维修,也可以选择拆旧建新。高标准维修是镇政府安排工作队,统一施工;拆旧建新则是靠自己完成,政府补钱。冯之乡提出上报拆旧建新的要求时,村"两委"班子因他之前说话不算数,经常有反复,如果给他报上去后又反悔了,检查要扣分,村委会没法给上级交代而有所顾虑。我随即去冯之乡家了解情况,决定尊重冯之乡本人的意见。报上去后,他动摇了几次。经了解,我才知道,原来他和周边邻居关系不好,因为"出路"和运料问题一直纠结,为这事我去他家5次,找邻居沟通3次,给他两个儿子打电话不少于10次,并且还主动帮助他协调邻里关系。3个月后,他们家房子顺利竣工。类似冯之乡这种情况,脱贫攻坚工作中比较常见,尤其是在拆除土坯房、修路征地等涉及个人利益的时候,总有一些村民经常出现反复,既阻碍工作,负面影响也很大。在脱贫攻坚中,我和村"两委"一道,着力做这些重点人的工作。通过解决重点人,往往带动一片人。一年来,盆珠

村顺利推动了各项扶贫任务的落地，重修公路 150 米，新建通组路 3 条 2580 米、入户路 36 户 1300 米，改造污水沟 1921 米，改造卫生厕 95 户，高标准维修土坯房 9 栋，新建安居工程 19 户，拆除私搭乱建 25 户 600 余平方米，拆除危旧土坯房 216 户 8162 平方米。

蹲下来倾听，站起来办事

民政人的天职就是为老百姓办事，群众的事就是我的心头事、头等事。为了掌握群众的真实情况，我主动走村串户，积极深入群众，一年来写了 18 万余字的驻村日记，记录了"老表"的诉求和自己的想法、做法。去年 6 月份，在我走村串户时，老太太王某某拦住我说，你为"老表"办了很多好事，也给我们家办件好事吧。她说自己已经 70 多岁了，和儿子住在一起，想用儿子的名字建新房，报上去两年了，跑了好多趟，到现在手续还没有办下来。我当即给她在外地务工的儿子打电话，进一步了解信息后，回到村委会就约上村干部到镇政府有关部门反映这个问题。通过沟通协调，当年 10 月份她家就住上新房了。工作中我始终抱着"民政为民、民政爱民"的理念，俯下身子听群众的意见，脚踏实地为村民办事，树立了良好的民政干部形象。在罗某某外出务工不在家的情况下，我找人帮他家修好漏水的房子后，他的聋哑母亲逢人就指着我的照片竖起大拇指。在我的带动下，村"两委"班子成员的作风也发生了很大的改变。现在，村民一致认为，村干部为民服务的氛围浓了，意识强了，能力也提高了。

新形势下加强村干部队伍建设的思考*

受组织委派,笔者于 2017 年 3 月至今,先后在江西省遂川县泉江镇盆珠村和戴家埔乡七岭村挂职第一书记,亲历盆珠村换届选举工作,对七岭村换届选举做过详细调查,对周边其他村换届选举也有过了解。基于对村干部换届及工作的观察,笔者将从农村基层治理角度,谈谈当前村干部队伍的发展情况。

村干部队伍发展现状

一是村干部普遍年龄大、学历低。2018 年盆珠村"两委"换届前,村党支部书记 58 岁,村主任 62 岁。换届后,村党支部书记 44 岁,村主任 51 岁。七岭村换届工作后,村支部书记 60 岁,村主任 55 岁。现任村干部中,盆珠村党支部书记、村主任均为小学毕业。七岭村党支部书记助理初中毕业。

二是选前拉票选后诉苦现象并存。参选前,无论是村党支部

---

* 原载《中国社会报》2018 年 11 月 5 日。

书记、村主任,还是村党支部委员和村委委员,都存在拉票现象。当选后,村干部中有人对乡镇干部和村民诉苦,称村干部工作任务重、压力大、待遇低。

三是村干部权力相对集中。在实际工作中,村事务就是村党支部书记或村主任说了算。如在评低保时,想让谁评上谁就能评上。低保评定后,给谁定几级保障标准,也是村党支部书记一人说了算。危旧房改造、土坯房维修政府补助也是村干部按关系远近亲疏选择性上报,村"两委"成员对待村级工作多数处于涣散状态,不愿不敢监督。

四是村干部为民服务意识差。比如让村干部设计村庄发展规划,除非涉及其本人利益,否则不会积极设计。笔者曾经多次动员组织村干部开会,集思广益设计村庄发展规划,挑来选去最后形成了6个发展项目,没有一个使全村广大村民受益的,例如油茶项目改造是某村干部正在承包的项目,大棚蔬菜种植项目是村党支部书记的项目。

对村干部队伍建设的思考

一是严把村干部入口关,把相对有能力、又愿意为村民做事的人充实到村干部队伍中。曾经有位对村庄发展有自己看法的中年人,在村"两委"换届选举前对我说,希望自己能参选村干部,多位村民也向我反映此人有想法、能做事。可惜,初选他就没过关,原因是选举委员会成员是上一届村干部和当选后的村党支部书记推荐的。

二是建立村干部违规追责制度,让欲违规者不敢违规、庇护者不敢庇护。让村干部在履职时,知道能做什么、不能做什么,提高村干部拒腐防变的能力。在村干部离任时,规定对离任村干部移交事项及有关资料的真实性、完整性负责,对应交未交事项或移交资料失真承担相应责任。同时,要把对村干部党风廉政建设执行情况与村"两委"工作考核和村干部待遇相结合,对考核中发现的问题,及时研究解决。

三是完善对村干部的监管措施,防患于未然。首先是乡镇政府要加强对村干部的监管,建立村干部谁推荐谁负责的倒追机制。其次是发挥党务、村务监督委员会的作用。现在的村务监督、党务监督成员都是村干部推荐的,徒有虚名。如何选出真正起作用的监督委员会,是限制村干部权力的关键。再次是重视上访人员对村干部的监督作用。当下,村民状告村干部大多都会不了了之,原因在于上级政府对此问题让乡镇解决,乡镇干部又必然问村干部,这种方式的缺陷可想而知。

四是加强村干部培训,培养村干部做事的自觉性和能力。首先是强化思想政治教育培训,提升村干部的综合素质,增强村干部为民服务、担当乡村振兴的自觉性。只有这样,村干部才能稳得住心神、管得着行为、干干净净做事、清清白白为政,成为农村基层政权的坚强堡垒。其次是加强业务能力的培训,提升具体办事能力。现在的农村集现代种植、养殖、加工、服务业等于一体,村干部能力往往局限于某一方面,要有针对性地开展培训,拓宽村干部的工作思路和方法,让其有信心、有能力胜任基层工作。

脱贫攻坚与乡村治理、乡村振兴

一、扶贫前农村社会关系状况

费老先生的农村熟人社会和社会关系差序格局理论对研究中国农村社会关系有着不可替代的影响。不论是否懂得社会学,只要提到熟人社会和差序格局,几乎所有的中国成年人都知道这是说农村社会关系的。

改革开放后,随着农民工大量涌现并普遍化和常态化,空心村和社会化小农成为农村的普遍现象,再加上手机作为媒体信息来源的主渠道使得获得信息扁平化等,这些综合因素导致农村社会熟人社会关系大幅度弱化,甚至不能再简单地把农村社会关系归结为熟人社会关系,原来的差序格局关系也不再是原来那种以血缘关系为纽带的差序格局关系,而是以趋利化为主导的社会化社会关系,类似国际关系中的 A 是 B 的朋友,C 是 B 的朋友,但是 A

和 C 不一定是朋友,甚至可能有不可调和的矛盾。

我在盆珠村和七岭村问过不止 20 位 30 岁至 60 岁的村民,问他们能认识多少村民,他们没有一人说能认识全村 1/10 的村民(成年人),因为大家不怎么串门了、不怎么来往了、不怎么交流了。即使是村里有喜忧丧事,除了族内人,其他人也不怎么帮忙、看"热闹"了,新娶的媳妇(5 年内,甚至 10 年内),远一点都不认识,60 岁的人不认识邻居之外的三四十岁的人再正常不过了,十几岁正在上学的孩子更不用提了。那么,村民之间的关系是什么样的呢?一是直接的利益关系;二是以利益为基础的协作关系,例如以做小工为主要职业的村民。他们之间仅仅是利益关系,关心的是利益的多少及如何分配,很少关心对方家里的事情,例如盆珠村建筑队队长刘小春对他的建筑队成员家庭情况不怎么了解,突出地说明这个问题。

二、扶贫前农村社会治理状况

改革开放后,随着中青年劳动力持续大量外出务工,没有外出务工的少量中青年呈两极分化状态:一是"精明人",主要在村里做生意为主;二是"无能力人",这部分人以残疾人、体弱多病者为主,他们既没有能力外出务工,在村周边打零工的机会也很少。留在村里的这些人中,愿意当村干部且有机会当上村干部的全村也就 5 到 7 位。一旦当上村干部,他们和乡镇领导就会取得联系并得到巩固、加强,很少有因村民投诉、领导不满意等因素被换掉的。这说明村干部具有固化性。

村干部固化对乡村治理有什么影响呢？村干部固化有两种情况。一种是强势的村干部,这类村干部对村民强势,能"开创性"开展工作,工作不落后,得到乡镇政府干部认可。一种是村干部班子软弱涣散,这类村干部把到村委会上班当作例行性坐班,工作能力弱、不愿担当,只是在乡镇干部的推动下或者说直接带领下开展工作。

强势型村干部,敢说敢干,不怕得罪人,也能为村里争取到相对多一点的项目,改善村居环境。但是他们和村民的矛盾也比较明显,村民对干部有意见,但是敢站出来和村干部"真刀真枪"干的少。相对来说,村民有什么事,例如邻里矛盾、孩子想当兵、家里喜忧丧事的"外场"应酬等也大多寻求村干部帮助解决。大多数情况下,村干部也能给他们比较满意的解决结果。这样的村干部能比较顺利地推动村内各项工作。

软弱涣散型村干部,他们和村民之间没有大的矛盾,更没有激化的矛盾,没有"死敌"。村民即使对农村工作不满意,也会把牢骚、怨恨直接转嫁给乡镇干部,乡镇干部并不想用这类人当村干部,但是乡镇干部找不到换掉他们的理由,他们在村干部选举中得票也比较多。由于这类村干部并不关心村民的事,也没有能力解决村民遇到的问题,村民遇到什么事也不寻求他们帮助。村民家里有喜忧丧事告诉村干部也仅仅图个"人场"。

三、扶贫对乡村社会关系的影响

改革开放以来,农村的熟人社会关系在不知不觉中逐渐演变为半熟人社会关系,甚至陌生人关系。扶贫工作无疑对这种演变起到了阻碍作用,某种程度上改善了农村社会关系,具体表现在四个方面。

一是精准帮扶和满意度考核改善了干群关系,也改善了族群内、亲戚、朋友之间的人际关系。帮扶责任人和贫困户结对帮扶后,帮扶责任人每个月最少到贫困户家一两次,各级脱贫攻坚检查时,每个星期就有一两次,对绝大多数贫困户家庭来说,帮扶责任人无疑为他们增加了社会关系网络点,并且这个社会关系网点对贫困户的影响是之前的社会关系网点不可比拟的,例如为贫困户争取经济资源、改善和村干部之间的关系等。为了提高贫困户对第一书记、帮扶责任人等人的满意度,乡村干部、第一书记、帮扶负责人到贫困户家替第一书记、负责人说好话,甚至动员贫困户族群内的人、亲朋好友为第一书记、帮扶负责人说好话。先不说这种方式对脱贫攻坚影响有多大,但是不可否认,这对改善贫困户及其他村民的社会关系具有比较大的影响。

二是"促进"了贫困户之间的交流。由于每个行政村的贫困户帮扶责任人来自不同的县直单位、乡镇政府或村"两委",他们走访贫困户时给的物品是不一样的,例如有的单位给的是电扇、有的给的是电饭煲、有的给的是油等,这在向来追求"不患寡而患不均"的农民来说,他们免不了相互"打听"对方的帮扶责任人带来了什么东西,这无疑增加了他们的来往、加强他们之间的社会关系。另外为了更好宣传扶贫政策,各村经常组织贫困户开会,这也为平时很难有"理由或机会"聚在一起的贫困户提供了聚在一起闲聊的机会,增强了相互之间的了解,也增强了相互之间对某个问题看法的了解,例如如何看待扶贫、帮扶责任人及村干部在扶贫期间的行为。

三是村民因关注扶贫项目而增加交流机会。扶贫期间,各村新增了很多扶贫项目,这些扶贫项目要求项目介绍,包括写明项目名称、投资额、项目功能等,村民到其他村走亲串友也会了解相关项目,例如各村必须建的医务室、文化室、通组路及其他公共设施,在村民看来,这都属于村集体事务,这增加了村民共同关心的话题,增加了村民交流的机会。

四是促进了村干部和外出务工人员之间的联系。扶贫前,外出务工的村民除了和家人偶有联系外,和村里人很少有什么联系了。精准扶贫以来,帮扶责任人到贫困户家里走访每一两个月都会带些东西,对外出务工的贫困户,帮扶责任人会给他们打电话说明自己来过他们家了。2017 年下半年,各种脱贫攻坚检查的也多起来了,"满意度"是每次检查的必检项,帮扶干部和乡村干部在每次检查前都会给外出务工的贫困户打电话,告诉他最近的扶贫情况,"关心"一下他的工作和生活状况,最后告诉他在接到检查组的电话时一定要说在"两不愁三保障"方面没有问题,对第一书记和帮扶责任人满意。这些都拉近了村民和乡村干部的关系。

四、扶贫对农村治理的影响

每个贫困村都有一个主要帮扶单位。通常情况下,在贫困村委派第一书记、工作队队长的单位为主要帮扶单位。盆珠村的主要帮扶单位是县市场建设中心,七岭村的主要帮扶单位是县环保局。按规定,主要帮扶单位每年给帮扶贫困村项目经费不少于 5 万元,多则不限。扶贫项目一般都是行政村通过乡镇政府向县级政府或县直职能部门申请。对扶贫工作的检查既有全面综合检查,也有针对某项目或问题的专项检查,检查既有来自县扶贫办或其他职能部门的,也有来自市、省及中央扶贫办的。

(一)帮扶单位负责人通过乡镇干部对农村治理的影响。贫困村帮扶单位很多都是县直机关,很多县直机关负责人都有乡镇工作经历。他们既有农村工作经验,又换了视角看待农村工作,同时也掌握全县某一方面的资源,又经常和乡镇主要领导一起开会。基于此,帮扶单位负责人对贫困村的帮扶意见大多数会被乡镇主要干部采纳并落实。这几年扶贫工作是县委县政府对县直单位考核的重要内容之一,满意度又是扶贫检查的必检项。为了提高满意度,帮扶单位负责人对村民尤其是贫困户采取相对温和的态度和工作方法,并尽可能满足贫困户的合理要求。有些工作,帮扶单位可以直接解决,例如走访、送些礼品等,有些工作则需要乡镇政府配合解决,例如评低保、修入户路等。这对乡镇及村干部的工作作风会改变很多,也自然会改善乡镇村干部和村民之间的关系,促进乡镇村干部在农村治理过程中更多地倾听村民的声音。

(二)帮扶单位对农村治理的影响。帮扶单位对农村治理的影响主要体现在帮扶贫困户项目建设和宣传中。帮扶单位对贫困村筹建帮扶项目一般会考虑惠民覆盖面和惠民力度:惠民覆盖面就是尽量惠及更多的村民,惠民力度就是尽可能让村民对项目有获得感。帮扶单位的这种观点和做法无疑限制了乡镇村干部在项目申报、执行过程中的主观性。受此影响,乡镇村干部在后续项目申报和建设过程中会持更开放的态度。盆珠村 2017 年启动"关爱老人儿童活动中心"建设项目,这是公益组织捐建的项目,在整个项目申报和建设过程中基本按照公益组织的要求建设,受到镇党委政府及村民的高度好评,2018 年在申报高标准农田建设中采取了类似方式,同样取得很好的效果。这出乎很多镇领导和村民的预期,他们原以为牵涉到家家户户利益的这么大的项目,过程中肯定会闹出预想不到的矛盾,但是事实上,这些项目开展得相当顺利。

(三)帮扶第一书记对农村治理的影响。从村民的视角看,第一书记对农村治理的影响还是挺大的。按规定,第一书记每个月最少要在贫困户居住 20 天,并且县委组织部不定期到贫困村现场抽查。第一书记在村里,除了做贫困户资料,大部分时间就是走访贫困户。第一书记除了向贫困户宣传各项扶贫政策并给予相应的帮扶,也会协助贫困户甚至非贫困户享受相应的扶贫政策、争取相应的权利,并给村民转达和乡村干部沟通交流的策略,这有利于提高村民和乡村干部交流效率。第一书记整天走村串户,把政府的信息直接传递给村民,把村民 A 的信息传递给村民 B、C、D 等,同时,也把村民 B 的信息传递给村民 A、C、D,也就是说,第一书记也是村里各种信息的传播者,这有利于村民提高遵守村规民约及维护自身利益的自觉性。

(四)帮扶责任人对农村治理的影响。上至县委书记、县长,下至村干部都有贫困户帮扶对象。按规定,县级帮扶 4 户,正科级帮扶 3 户,副科级帮扶 2 户,一般干部(含村干部)帮扶 1 户,有的乡镇干部少贫困户多,干部帮扶的贫困户会多一两户。每个帮扶责任人每个月须到贫困户家里一两次,掌握贫困户家里的基本信息,例如人口结构、房产、田地、山场、收入来源、致贫原因、脱贫措施等,这些都是脱贫攻坚检查时随时可能打电话问帮扶责任人的。贫困户家庭成员要知道帮扶责任人的名字、工作单位、职务,同时还要评价对帮扶责任人是否满意。有了对双方的这种要求,不论是县级领导还是乡镇工作人员对帮扶的贫困户都不敢怠慢。贫困户有什么问题都会向帮扶干部反映,包括在村里感到受不公正待遇及对村干部的意见。

(五)扶贫项目对农村治理的影响。有人做过统计,如果把扶贫经费分摊到贫困村,每个贫困村大概有1000万元,或许真正用在贫困村的经费没这么多,但是500万元至800万元还是有的。2017年、2018年花在盆珠村的钱,修桥20多万元、修通组路20多万元、美丽乡村建设点80万元、农田改造300多万元、活动中心及交钥匙工程170多万元、卫生室25万元、文化室25万元、危旧房改造及安居工程50多万元、卫生厕改造30多万元、"四个一"产业奖补50多万元、入户路20多万元,再加上2014年、2015年、2016年、2019年期间修路、修渠、移民搬迁等,另外还有上学、培训、医疗、救助等,粗略计算,已经超过了1000万元。七岭村没有农田改造,其他项目都大同小异。这些项目大大改善了农村交通条件、居住环境、生产条件,更改善了贫困户生活水平。短期内,建这么多项目、花费这么多经费,在农村有两种评议:一种是国家确实在为老百姓着想、为老百姓办实事,乡村干部争取项目、落实项目也很辛苦;二是不少村民认为在这些项目实施的过程中,乡村干部自己得了不少"实惠"。不论如何,落实这些项目为本地有劳动能力的村民提供了务工机会,为缓解村民和乡村干部之间的矛盾提供了新的解决方式。

(六)扶贫各项检查对农村治理的影响。脱贫攻坚检查可以分为综合检查和专项检查。综合检查是指对村级各项扶贫项目的检查,包括通组路、沟渠、桥、饮用水设施、卫生室、文化室、电视信号、扶贫台账,以及贫困户"一收入、两不愁、三保障"、卫生厕、帮扶记录、贫困户的满意度等。这些检查项目中对农村治理影响最大的是住房保障和贫困户的满意度。当然其他检查项目对农村治理也有影响,例如通组路、沟渠、桥这些便民基础公共设施做得好自然能得到村民好评,赢得民心,有利于推动其他农村工作的开展。

对干群关系、农村治理最有影响的检查,莫过于贫困户对第一书记、帮扶干部、扶贫工作满意度的检查。通过2年的观察,我认为在对第一书记或帮扶干部满意度作答时,没有回答"满意"的贫困户大体可以分为两类。一是第一书记或帮扶干部不负责任,把走访当流程、把帮扶当负担,从心里看不起贫困户。有的帮扶干部帮扶2年了,按要求到贫困户家里应该20多次了,但是仍然不知道自己帮扶的贫困户家里人口结构如何、贫困户家庭成员都干什么、主要收入来源、面临什么问题。这些都是写在帮扶手册上的,有的贫困村甚至把贫困户的上述信息整理好后给帮扶干部,帮扶干部只要多看几遍也能知道,但是在2018年、2019年脱贫攻坚检查时,都有个别帮扶干部回答不出上述信息。另外,贫困户遇到的问题,希望通过帮扶干部解决或沟通,但是有的帮扶干部从来不把贫困户的事当回事。对这样的帮扶干部,贫困户怎么会满意呢。二是对第一书记或帮扶干部确实不熟悉、不了解或自身有问题。这种情况也可以细分为三类:常年外出务工,家庭条件不错,很少回老家,第一书记很少能见到他,他也不怎么关心村里的事。再就是户主太大男子主义,家庭妇女不过问、不参与家庭外边的事,检查组抽查到这样的家庭妇女的时候,她们也是回答不熟悉。三是对第一书记或帮扶干部不理解。有些贫困户会误解第一书记或帮扶干部在脱贫攻坚中的作用,只要第一书记或帮扶干部没有帮他们把问题解决,或者帮扶力度不如其他帮扶干部,就对第一书记或帮扶干部不满意,殊不知第一书记或帮扶干部不是万能的。总体来说,检查满意度对改变干部作风起到了重要作用。

五、脱贫攻坚战略与乡村治理、乡村振兴

实施乡村振兴战略的总要求是"产业兴旺、生态宜居、乡风文明、治理有效、生活富裕",涉及农村经济、政治、文化、社会、生态文明和党的建设等多个方面,彼此之间相互联系、相互影响。结合脱贫攻坚和乡村治理对乡村振兴战略总要求的"五句话二十字"进行解读和分析。

(一)产业兴旺,是奠定乡村振兴的物质基础。产业兴旺是乡村振兴的重点,是乡村政治、文化、社会、生态文明建设的前提和基础。脱贫攻坚中,对扶贫车间和"四个一"产业扶持的目的既是促进贫困户脱贫,更是为了农村产业可持续发展。然而,在脱贫攻坚检查中,没有一户贫困户把因为获得"四个一"产业增加的收入填入扶贫手册家庭收入明细栏里。这说明,"四个一"产业增收效果相对不明显,或者说农业种植收入占农户收入比重轻。这给基层政府如何发展当地产业、切实增加农民收入提出了必须思考的课题。

(二)生态宜居,明确了以何种品质实现振兴的问题。在遂川县"看得见山、望得见水"的自然生态村村都有、随处可见。需要注意的是避免"垃圾围村、污水横流"现象的存在,对贫困村美丽乡村建设点主要解决的就是这些问题。短期看,效果明显,问题是垃圾如何无害化处理,也就是说农村生态宜居的可持续性问题考验着基层干部的智慧。

(三)乡风文明,渗透在乡村建设的方方面面,是乡村振兴的灵魂所在,是乡土社会得以赓续绵延的文化内核。乡风文明的重要源头自然在于乡村文化,乡村文化不是空中楼阁,它蕴含于村居建筑、乡村格局、风俗习惯、乡规民约、民间信仰等诸多方面,与乡村所具有的道德、习俗、礼仪、风尚紧密相连。中国几千年积淀的乡土文化和乡风民俗依赖的基础是乡村熟人社会及其共同遵行的成文或不成文的乡规民约。两年的农村生活,尤其是盆珠村的变化,让我认识到经常集聚的村民比分散不来往的村民更容易遵循乡规民约,有利于乡风文明建设。

(四)治理有效,基于农村特有的社会关系和治理现状,只有通过发挥乡村干部和村民的智慧,宣扬村务公开、办事公正、乐于奉献、敢于担当等,才能实现"自治、法治、德治"相结合的最理想的乡村治理模式。脱贫攻坚中,在贫困村派驻工作队,在某种程度上促进了农村有效治理,但是,脱贫攻坚后,是否可以持续提高这种治理水平及其可持续性有待继续观察。

(五)生活富裕,包含物质生活富裕和精神生活富裕。按此理解,生活富裕是产业兴旺、生态宜居、乡风文明、治理有效的结果。也就是说,产业兴旺了,生态宜居了,乡风文明了,治理有效了,生活富裕这个目标就相应实现了。

图 8　赵康 (左) 与支部书记冯运华讨论村民收入情况

脱贫攻坚政策落实及效果

2016 年,中央要求落实精准扶贫传达到基层后,地方各级政府围绕"一收入,两不愁,三保障"的目标落实上级政策并制定本地政策。各类有利于贫困户的政策相继出台,各级政府对贫困户的帮扶力度逐年跳跃式加大。村民对贫困户的关注度逐渐加大,未认定为贫困户的村民抱怨也越来越多、越来越大,贫困户对扶贫的期待越来越高。

截至 2019 年 7 月 30 日,国务院扶贫开发领导小组办公室网站与扶贫有关的政策、通知、意见、文件等(以下简称政策)共 88 条,其中最早的一条是 2012 年 1 月 10 日,2012 年 1 月有 5 条,2013 年无,2014 年 8 条,2015 年 8 条,2016 年 24 条,2017 年 20 条,2018 年 14 条,2019 年 9 条。地方省、市、县政府及职能部门围绕国务院和国务院扶贫办、各部委的政策,结合当地实际制定了相应的政策。归纳起来,这些政策都是对"六个精准、五个一批"的解读和落实。六个精准是指,扶贫对象精准、措施到户精准、项目安排精准、资金使用精准、因村派人(第一书记)精准、脱贫成效精准。五个一批是指,发展生产脱贫一批、易地搬迁脱贫一批、生态补偿脱贫一批、发展教育脱贫一批、社会保障兜底一批。在我看来,对贫困户来说,"六个精准"和"五个一批"是促进脱贫的两种不同表述方式。

一、扶贫对象精准

扶贫对象精准是整个扶贫工作的基础。习总书记说,精准识别,是脱贫攻坚的"第一粒扣子"。不能精准识别,如何能精准扶贫?第一粒扣子扣错了,剩余的扣子都会扣错。这也是后来各级各类脱贫攻坚检查时的必检项。精准识贫要解决的是识真贫。在脱贫攻坚检查和实际工作中,有四个专业词语。一是错评,是指建档立卡贫困户是否是真的贫困,把非贫困户识别为贫困户称为错评。二是漏评,是指生活困难的贫困户没有被识别为建档立卡贫困户。三是错退,是指建档立卡贫困户没有达到脱贫标准,让其"提前脱贫"。四是返贫,就是已经脱贫的贫困户再次被纳入为未脱贫的贫困户。

据当地村干部讲,2013 年底、2014 年初上报贫困村和贫困户时,各项扶贫政策主要是针对贫困村,例如优先给予修路、美丽乡村建设点指标,而针对贫困户扶贫的政策主要是在县城购买商品房时给予税收优惠、学驾驶车辆时给予减免优惠,在村干部和村民看来,这些都是政府或商家的促销策略。用当地老百姓的话说,低保户每月还有几百块钱的救助,贫困户什么都没有。这样,大家对贫困户名额并不太在意,有的村民认为贫困户既没有实惠,名声也不好,还不愿意当贫困户。村干部为了能成功申请到贫困村,除了把家庭生活真正困难的村民纳入贫困户,还把自己家里人、关系近的、好说话的村民纳入贫困户。把真正困难的农户纳入贫困户,可以应付检查,把其他人纳入贫困户是为了充数。评贫困村的条件是,贫困人口占全村人口要达到一定的比例。当时,不论是县级干部、乡镇级干部,还是村干部,都没有想到后来脱贫攻坚帮扶力度这么大、工作量这么大、督查检查这么严。他们把贫困户认定当作低保户认定,每年6月份评定低保户时,县、乡镇都会出台文件,并且明确提出低保救助对象的条件,甚至有"七不保,四从严"的具体规定,但是具体评选时,各村也没有真正严格落实,即使检查出来有不符合低保救助对象,退出来也就没事了。这是各地当初认定贫困户不认真的最主要原因。

基于以上背景,就不难理解精准识别中存在错评、漏评、错退、返贫问题了。2018年5月份,县扶贫主要干部在全县脱贫攻坚大会上说,经过2年4轮的精准识别整改,在贫困户精准识别方面没有什么问题了吧。这位扶贫办干部说的2年4轮的精准识别整改,是指从2016年下半年贫困户"挂牌"到2018年5月份,在每年的3—5月份和9—11月份,都会对识别的贫困户进行错评、漏评、错退的核查整改。精准识别整改要求乡镇主要干部、乡镇驻村干部、第一书记、驻村工作队、村干部全程参与,并且由乡镇主要干部和村主要干部负责。但是每年每次整改,几乎每个村每次都能整改出错评、漏评对象,尤其是错评现象比较突出。

某村2017年删除错评7户,2018年删除错评15户,两年合计删除贫困户22户,占2017年108户贫困户的20.4%。删除的贫困户中,主要是村干部的亲属、朋友、欲参选村干部者等,以及 2018 年当选的村主任、村会计、村保管员。删除贫困户的原因,有的是 2014 年之前就在城市买有商品房;有的是 2014 年之前就买有小汽车,县扶贫办通过网络信息把这些贫困户筛选出来直接删除;有的是乡村干部认为上级扶贫检查真的要"动真格"的了,担心因这部分"贫困户"受处分;有的是为了参选村干部。

漏评现象不怎么严重,在两年时间里,我认为有 1 户明显漏评,2 户不确定。

驻村两年多时间,没有发现有错退现象,当然有贫困户自认为不应该脱贫而被脱贫的。出现这种现象的主要原因有两条:一是担心脱贫后不再享受扶贫政策;二是有未协调好的矛盾,贫困户借此为难乡村干部。第一种现象主要发生在 2014 年、2015 年脱贫的贫困户中,他们认为在自己不知道的情况下说脱贫就脱贫了,没有人"关心"过他们,没有人给他们送过东西,进而认为自己不再享受扶贫政策了,这种"舆情"蔓延到未脱贫的贫困户那里,不了解真实情况未脱贫的贫困户就有不愿意脱贫的情绪,自认为让自己脱贫就是错退。2014 年、2015 年脱贫的贫困户为何认为脱贫后就不能享受扶贫政策了呢?通过观察和访谈,贫困户误解的主要原因是,2014 年、2015 年扶贫力度没有 2016 年下半年以后大,除了各类扶贫政策是 2016 年陆续出台外,各级政府派第一书记、扶贫工作队及贫困户帮扶责任人都是 2016 年下半年确定的。2014 年和 2015 年脱贫的贫困户的帮扶责任人主要是村干部,部分由乡镇干部帮扶,2016 年及以后脱贫的贫困户的帮扶责任人主要是县直属机关单位人员。由于后来检查比较多,每次必检内容之一是贫困户对帮扶干部的满意度。

除了 1 家返贫外,未发现其他返贫案例。

另外,村委会实际统计的贫困户和人口数往往和国家系统不一致,主要原因有两个:一是对政策的理解不到位,例如事实生活在一起,该报的没有报,不该报的上报;二是人口自然增减变动,没有及时录入系统或从系统删除。

二、措施到户要精准

扶贫措施到户精准主要包括两个方面的内容。

一是政策宣传到户。包括"通用政策"宣传到户和建档立卡档案送到各贫困户家里。"通用政策"宣传指的是县扶贫办把所有贫困户可以享受的政策按条款制作成宣传单和扶贫小册子发放到贫困户家中。遂川县扶贫办精心制作的扶贫小册子,把扶贫政策编制成顺口溜,读起来朗朗上口,并对每项扶贫政策做了详细解释。贫困户建档立卡档案记录了贫困户家庭信息、帮扶责任人相关信息及享受的政策等相关信息。贫困户家庭信息包括人口数量、年龄、从业情况、健康状况及致贫原因、农田、山场、收入等。帮扶责任人相关信息包括帮扶责任人姓名、单位、职务、联系方式、走访次数及帮扶内容等。贫困户档案里还记录了贫困户享受的政策,包括享受政策的名目和金额。

另外,每户都有医疗帮扶明白卡,这张明白卡上有帮扶医生的姓名、联系方式。贫困户可以随时咨询医生有关医疗及报销的有关问题。

二是因户施策精准。习总书记说的找准症结把准脉,对症下药,靶向治疗,都是因户施策精准的通俗描述。因户施策精准的首要任务是核准致贫原因。按照脱贫攻坚的有关规定:帮扶责任人和村干部协同查找贫困户致贫原因,一般情况下,一户贫困户有一种主要致贫原因,当然也存在有两三种致贫原因的。核准致贫原因后,帮扶责任人围绕贫困户的致贫原因进行落实相应的帮扶政策。

对因学致贫的,协助贫困户落实学前儿童的学前教育补助、中小学生的两免一补、大学生的雨露计划,这项政策都是学生所在学校落实,未发现特殊情况,也未发现有争议。

对因病致贫的,协助贫困户落实医疗报销,在遂川县,医疗有五道保障线,分别是基本医疗保险(新农合)、大病保险、民政医疗救助、重大疾病医疗补充保险、爱心基金,其中需要交的保险都由政府代缴。不论什么病、在哪里治疗、花了多少钱,报销比例都不低于90%。

对缺技术的,协助落实技能培训。培训主要分两大部分,务工就业培训和种植养殖培训。务工就业培训一般由县扶贫办组织,培训地点在县城,培训时间2—3天,培训内容是各种务工技能,参与培训的人员主要是贫困户家庭中18周岁至60周岁的成年劳动力,一般是一户一人,培训期间政府"管吃管住",还有一定"务工补助",少则200元,多则500元。种植养殖培训一般由各乡镇组织,培训地点有的在乡镇政府、有的在行政村,培训时间1—2天,培训内容是传统农业、果树、油茶树等种植及病虫害防治,参加人员是贫困户家庭中年满18周岁的成年人,参加培训人员也有100—200

元的务工补助。按规定，因缺技术致贫的，一定要参加技能培训，否则脱贫攻坚检查验收时，会因为没有"因户施策"而受质疑。大部分贫困户愿意参加培训，也有贫困户不愿意参加技能培训，当然，也有人为了补助参加培训的。至于培训的效果，经过在盆珠村和戴家埔乡政府各一上午的种植培训观察，真正听课的农民不足 20%。

对因缺发展资金致贫的，进行小额免息贷款帮扶。小额免息贷款最高限额 5 万元，期限是 3 年。享受了小额贷款的贫困户不再享受"四个一"产业奖补政策。政府鼓励贫困户小额免息贷款，2018 年县政府 3 次下文督促各乡镇加快速度、加大力度推进小额免息贷款进度。小额免息贷款的初衷是让贫困户发展生产。

对因交通致贫或居住危旧房的，主要帮扶措施是移民搬迁、安居工程、交钥匙工程、房屋维修等，这些统称住房保障。移民搬迁扶贫是针对交通不便或居住在地质灾害高发区的村民的重要帮扶措施。当然，对因交通致贫的贫困户，也有通过修建通组路或入户路帮扶的。

移民搬迁帮扶有两种方式：一是按照每人 25 平方米标准，直接给房子，贫困户仅需出 1 万元，甚至不出钱；二是贫困户自己建房，每人补助 2 万元。

安居工程主要是针对居住在土坯房、危旧房的贫困户，如果拆旧建新，政府给每户补助 2.2 万元。不愿意拆旧房建新房的贫困户，政府出资给予维修。维修分为高标准维修和普通维修。高标准维修是给房顶换瓦、门窗油漆、墙体里外粉白。普通维修只对墙体里外粉白。墙体里外粉白，既可以由政府确定的施工队免费做，也可以贫困户自己申请政府补助,补助标准由乡镇政府定,一般每平米 20 元。

交钥匙工程主要是针对五保户的,如果散居的五保老人住房无安全保障,政府给他们免费做一套一居室的房子,面积大概 40 平方米,费用 4 万元。按规定,房子应该建在村集体土地上或五保户宅基地上(五保户去世后,其所有财产归村集体所有),产权属于村集体所有。

对因残致贫和因缺劳动力致贫的,一般给予最低生活保障救助。这是"社会保障兜底一批"的最主要方式。2016 年,江西省曾经要求将低保救助和贫困户重叠率作为脱贫攻坚检查的内容之一。从实地调研情况看,泉江镇的盆珠村重叠率不足 50%、戴家埔乡七岭村 60% 左右、珠田乡仙溪村超过 70%,而对低保救助意见最多的恰恰是仙溪村,也就是说过分注重"重叠率"并不符合实际。主要有三方面的原因:一是贫困户和低保救助对象的时效不同。贫困户是 2013 年底或者 2014 年初确定的,即使是脱贫了也还是贫困户,并享受所有扶贫政策。低保救助对象是动态调整的,一般每年调整两次,一旦家庭收入超过低保救助标准就不再享受相应的低保救助待遇,其他附带的"待遇"例如医疗、就学优惠等也相应取消。二是不同贫困户收入超过低保救助标准的时间不同。在农村很少有"断崖式"的贫富差异,即使是当初认定的贫困户,通过享受相应的扶贫政策及自身努力,很多贫困户家庭人均收入也先后超过低保救助标准了。超过了低保救助标准就不应该享受相应的低保救助政策,这是低保救助条例规定的。三是当初认定贫困户的标准和低保救助标准不同。农村低保是针对家庭年人均纯收入低于当地最低生活保障标准的农村居民的生活保障制度,也就是说,"低保"等于最低生活保障。当初认定贫困户时,除了考虑收入标准外,还参考了支出标准,例如疾病、就学等支出,还参考了住房标准等,此外也有很多"凑数的"。基于以上三方面的原因,要求低保户和贫困户重叠率达到80%以上是不合理的。

因发展动力不足致贫,通俗地说就是因懒致贫的。据社科院2017年扶贫调研报告,发展动力不足致贫是所有致贫原因最多的致贫因素。调研发现,发展动力不足致贫多的原因,主要是上级要求精准识别时,找不到相应的证据,或者没有享受相应的扶贫政策,改为发展动力不足致贫,例如因病致贫的找不到当年的病历,因缺技术致贫的没有参加技能培训,为了减少"麻烦",基层就把这些贫困户的致贫原因改为发展动力不足。

在整个脱贫攻坚过程中,贫困户除了享受因致贫原因可以享受的对应政策外,也可以享受其他相应的政策,例如因学致贫的也可以享受医疗扶贫、安居工程扶贫、低保救助扶贫等。

三、项目安排精准

脱贫攻坚项目安排分两个层面:一是村级层面;二是贫困户层面。

村级层面脱贫攻坚项目主要有修通组路、发展村集体经济、美丽乡村建设点等。

通组路的本意是为解决因交通不便影响农民生产、生活而修建的行政村内部交通路。在遂川县,满足25户及以上的自然村或村民小组就可以申请修通组路,路基由各村自行解决,路面硬化标准是 3.5 米宽、12 厘米厚,由乡/镇政府组织施工,乡/镇政府和村委会联合验收。盆珠村和七岭村申请的通组路基本都得到解决。

为了发展村集体经济,遂川县出台了相关的文件,对"十二五""十三五"贫困村集体经济收入低于 5 万元的,由县财政在扶贫整合资金中安排每个村 15 万元,以借款形式作为启动资金发展村集体经济。后来,又出台文件,对"十二五""十三五"贫困村,由县财政在扶贫整合资金中安排 30 万元/村,用于建设一个 100 千瓦光伏发电站,作为发展村级集体经济项目。按照市场价,建 100 千瓦光伏发电站项目需要 60 万元左右,也就是说,贫困村需要自筹 30 万元,才能建成 100 千瓦光伏发电站。盆珠村和七岭村都享受了 30 万元建 100 千瓦光伏发电站项目。盆珠村光伏发电项目是 2018 年 5 中旬并网的,到同年底,发电收入 78 000 多元。

美丽乡村建设是改善镇村人居环境的重要举措。根据规划,每个行政村可以有多个美丽乡村建设点,有的行政村也可能没有美丽乡村建设点,例如盆珠村 2017 年获批了 4 个美丽乡村建设点,七岭村 2018 年和 2019 年都没有美丽乡村建设点。每个美丽乡村建设点经费是 20 万元,主要用于农村环境综合整治,包括农村生活垃圾整治、改路、改水、改厕、改房等基础建设。

贫困户层面脱贫攻坚项目主要有"四个一"产业项目、小额贷款等。为了让贫困户更好地享受扶贫政策,2017 年遂川县对全县未享受 5000 元产业扶贫资金帮扶的贫困户实施"四个一"(一片茶山,一块果园,一栏畜禽,一人就业)产业奖补政策,每户奖补上限 5000 元(含之前享受过的补贴金额)。盆珠村的贫困户在 2018 年

5月之前基本都享受到了该项政策补助上限,七岭村的贫困户则有80%没有享受到上限。访谈发现,七岭村很多贫困户不知道怎么样才能享受到产业扶贫政策。

除了"四个一"产业扶贫项目外,还有光伏发电扶贫、旅游扶贫、卫生厕所改造、电商等扶贫项目。光伏发电扶贫项目主要是针对家庭无劳动能力的贫困户,贫困户以5000元的扶贫帮扶资金入股并参与分红,按预测,每户贫困户20年税前分红合计3.55万元。在具体操作中,以贫困户的名义免息贷款5万元,所贷款项直接给企业,贷款免掉的利息冲抵5000元入股金。据了解,有个别贫困户不太了解政策,不愿意以自己的名义贷款而放弃了光伏发电扶贫。旅游扶贫和光伏发电扶贫的逻辑相似,只是旅游扶贫的分红上限是5000元。卫生厕所改造帮扶是对所有进行无害化卫生厕所改造的农户奖补1500元。在具体实施时,如果是贫困户自己改造,则直接给农户1500元,如果贫困户自己不改造(主要是因为户主无能力),盆珠村是村委会协助改造,七岭村是乡政府安排施工队改造。乡政府安排的施工队对卫生厕所改造的质量不理想,很多村民反映不实用,例如还没有用过就坏了、化粪池桶安装得过高大小便排不出去、使用一两个月后就不排污了等。

还有贫困户微心愿。"为提升贫困户对帮扶干部的满意度,大坑乡党委政府立足贫困户生活实际,要求全体机关干部走访贫困户的同时,全面摸排贫困户的近期生活需求,做到微心愿一对一的对接,在财力吃紧的情况下,安排微心愿专项资金,切实满足贫困户需求。"①这是央广网江西频道 2018 年 7 月 10 日报道的遂川县大坑乡关于微心愿的一则消息。通俗的理解,满足群众微心愿应该是通过开展小活动组织群众、解决小问题服务群众、做好小事情造福群众,使"圆梦"活动成为倾听群众呼声、凝聚群众共识、反映群众意愿、解决群众困难的桥梁。而在实施过程中,却成了为提升贫困户对帮扶干部的满意度的桥梁,这与上级政府倡导的满足群众微心愿的初衷不太一致。

四、因村派人精准

脱贫攻坚因村派人精准主要是指为贫困村委派第一书记。2015 年,中央组织部、中央农村工作领导小组办公室、国务院扶贫开发领导小组办公室发布《关于做好选派机关优秀干部到村任第一书记工作的通知》后,中央、省、市、县机关和企事业单位都安排人选到各贫困村担任第一书记。按规定,第一书记主要从各级机关优秀年轻干部、后备干部,国有企业、事业单位的优秀人员,工作能力强的优秀党员干部中选派,除选拔优秀干部的要求以外,还须紧贴农村需求、依村选人。通俗地说,就是把懂经济的干部派到经济薄弱贫困村、把党委部门干部派到软弱涣散村等,实现因村施策、对症开方、精准帮扶。在具体实施过程中,没有这么圆满。因为县直单位是派驻第一书记的主力军,之前各县直单位都有 1 个或 2 个帮扶联络的贫困村,各单位派驻的第一书记都在本单位联

---

① 《遂川县大坑乡:接亲贫困户　圆梦微心愿》,http://jx. cnr. cn/2011jxfw/xxzx/20180710/t20180710_524296486. shtml。

络的贫困村。在本单位找一位满足本单位联络贫困村需求的第一书记还是比较困难的。据我了解,到了 2017 年下半年,国家、省、市、县等各级扶贫检查项目中把贫困户对第一书记、帮扶工作队、帮扶责任人的满意度作为考核项之一,县委县政府把"满意度"作为对县直单位的年终考核项之后,各单位才加强了选派第一书记力度,才把工作积极主动的骨干成员选派为第一书记。

五、脱贫成效精准

脱贫成效精准分为村级层面和贫困户层面。贫困村主要脱贫标准及两个村实际情况:一是贫困发生率低于 2%。至 2017 年底,盆珠村贫困户已经脱贫 106 户 394 人,剩余贫困户 16 户 25 人,贫困发生率 1.23%。2018 年底,七岭村贫困户脱贫 114 户 436 人,剩余贫困户 4 户 14 人,贫困发生率 0.96%。两个村都在当年顺利通过吉安市扶贫办组织的脱贫验收。二是交通方面,25 户以上自然村有一条宽度达 3.5 米以上的硬化路。两个村都超额完成,超额完成指的是不足 25 户的自然村也修通了宽度达 3.5 米以上的硬化路,有的自然村有多条宽度达 3.5 米以上的硬化路。三是 100% 的农户有安全饮用水。两个村所有村民都有安全饮用水。四是住房方面,100% 的农户住安全房。两个村所有村民都有安全住房。五是用电方面,100% 农户通生活用电,村委会所在地通 380V 三相动力电。两个村满足通电要求。六是通讯方面,村委会所在地通宽带网络,有收看电视意愿的农户 100% 能收看电视节目。两个村都满足了通讯要求。七是村庄环境方面,25 户以上自然村有保洁员、有垃圾集中收集点,65%以上的农户享有无害化卫生厕所。两个村都满足这一条件。八是公共服务方面,有卫生室,有公共文化服务中心。两个村都满足这方面的条件,其中盆珠村有3个文化服务中心、4个卫生室。九是集体有经济收入。两个村都有集体经济收入,其中盆珠村不低于10万元,七岭村不低于5万元。同时,还要核实驻村工作组、第一书记、帮扶干部的帮扶情况和贫困户对扶贫工作、脱贫成效的认可度。

贫困户脱贫标准主要有:人均收入稳定超过国家扶贫标准,例如2017年是3335元、2018年是3535元,且实现"两不愁三保障",即不愁吃、不愁穿,义务教育、基本医疗、住房安全均有保障。精准扶贫以来,七岭村贫困户享受"四个一"产业奖补118户,小额贷款43户,光伏扶贫16户,旅游扶贫6户,加入合作社8户。盆珠村贫困户享受"四个一"产业奖补6户24人,光伏扶贫共35户,旅游扶贫共29户,加入合作社26户。

当然,仍然有不如人意的地方,例如七岭村桥水组的通组路、个别村民的饮用水、桥水的手机信号及盆珠村赖屋组的路灯等,都是没有妥善解决并引起村民抱怨比较多的问题。

下编

工作汇报与媒体报道

挂职第一书记脱贫攻坚汇报

尊敬的部长、各位领导,下午好:

我是北京社会管理职业学院的赵康,受组织委派,于2017年3月至今,先后在遂川县国家级贫困村盆珠村和七岭村挂职第一书记,做脱贫攻坚工作。在民政部党组的坚强领导下,在部人事司、学院领导的指导下,我积极投入脱贫攻坚的工作中。

一、抓党建,树新风,促脱贫

抓基层党建,增强基层党组织凝聚力,凝聚脱贫攻坚向心力,强化党组织脱贫攻坚的引领作用,为脱贫攻坚提供坚实的组织保障,是驻村第一书记的主要职责。在农村,真正落实"三会一课""两学一做"学习教育是件费脑筋的事,照本宣科地念材料,"老表"没有多大兴趣。我通过各种途径查阅资料,讲"老表"熟知的伟人、革命先烈故事,例如毛泽东主席早年在井冈山的故事、遂川县本地人陈正人参加革命与敌斗争的故事等,这样他们不仅爱听,还能和我互动。同时也讲讲历史上汉奸、叛徒及当今个别贪污犯等败类给中国革命和社会建设带来的伤害。通过正反面事例对比,适时地把"党章和系列讲话"穿插进来,这样,广大党员感觉上党课既是一件有趣的事,又能树立"四个意识",提升党性修养。同时,我注重加强盆珠村党组织建设,协助镇党委完成盆珠村党支部换届工作,吸纳了优秀年轻党员进入村党支部,支部书记和宣传委员分别比上任年轻了 14 岁和 18 岁。优秀年轻党支部忧患意识、市场意识、致富意识、乡村振兴意识更加强烈,更加有干劲。现在,盆珠村党组织凝聚力明显增强;党员干部在集体意识、敢于担当、实干、模范带头作用等方面有了明显提高。

二、抓两头,带中间,树志扶智全面脱贫

这里说的两头,一头是指深度贫困户,一头是指有发展潜力的贫困户。一般情况下,深度贫困户除了客观的家庭结构原因外,还与其家庭主要劳动力"懒惰、无志"有关。习总书记提出的"扶贫先扶志"指的就有这部分人。盆珠村刘某家,妻子轻微智障,丈夫身材瘦弱,15 岁的儿子正在上学。刘某以体弱为由,有活不干等靠低保。村里有零工、扶贫车间,他以各种理由不干;家门口修路派工,大热天别人干活时,他非但自己不干,还提着两瓶啤酒坐到门口吃吃喝喝,说着风凉话。对这种人,干部没办法、群众意见大,不评低保,他是深度贫困户;评低保,大家认为国家拿钱养懒汉。和他多次聊天后,我发现,他对未来美好生活还是有期待的,经常向往着

10 年后他儿子结婚生子,他就可以当爷爷了。抓住这一点,我从精神上激励他好好干、多挣钱,争取给儿子娶个好媳妇。同时,抓住他认为习总书记现在的政策好这一点,反复对他说总书记对脱贫攻坚的希望是勤劳致富,不养懒汉。盆珠村上党课,我特意把他喊来,一起听党课,一起参加义务劳动,增强他的集体意识、荣誉意识。开始时他有抵触,后来感觉挺有意思,比天天坐在门口"晒太阳"强。同时,为了让他增加收入,得实惠,我协助他争取了油茶种植扶贫项目,并让参加过种植培训的贫困户彭某某给他做技术指导。现在,用他自己的话说,年收入增加了 1 万—2 万,乡里乡亲对他态度也好多了,生活更有意义了,自己的向往更有希望实现了。类似的情况还有很多。一年来,通过努力,盆珠村村民思想状态、精神面貌有了明显变化,"等靠要"彻底没了市场。

三、考虑"善变人"善变的真实原因,啃下脱贫攻坚硬骨头

脱贫攻坚中总有一些"软硬钉子户"。这里说的"善变人"就是其中一种,他们说话不算数,对别人做出的承诺说变就变,基层工作者是最不愿意和这样的人打交道的。盆珠村就有这么一个不靠谱的人。冯某某家住的是土坯房,按贫困户土坯房改造文件,他家可以选择高标准维修,也可以选择拆旧建新。高标准维修是镇政府安排工作队,统一施工;拆旧建新则是靠自己完成,政府补钱。冯某某上报拆旧建新时,村委会不愿意给他报,因为他之前说话不算数,经常有反复,如果给他报上去他反悔了,检查时要扣分,村委会没法给上级交代。我到冯某某家了解情况后,决定让村委会给

他家报拆旧房建新房。报上去后,他果然有几次反复。后来我才知道,原来是他和周边邻居关系不好,因为"出路"和运料问题一直纠结,为这事我去他家 5 次,找邻居沟通 3 次,给他两个儿子打电话不少于 10 次,并且还主动帮助他协调邻里关系。3 个月后,他们家房子顺利竣工。类似冯某某这种情况,脱贫攻坚工作中比较常见,尤其是在拆除土坯房、修路征地等涉及个人利益的时候,总有一些村民经常出现反复,既阻碍工作,负面影响也很大。在脱贫攻坚中,我和村两委一道,着力做这些重点人的工作。通过解决重点人,往往带动一片人。一年来,盆珠村顺利推动了各项扶贫任务的落地,重修公路 150 米,新建通组路 3 条 2580 米、入户路 36 户 1300 米,改造污水沟 1921 米,改造卫生厕 95 户,高标准维修土坯房 9 栋,新建安居工程 19 户,拆除私搭乱建 25 户 600 余平方米,拆除危旧土坯房 216 户 8162 平方米。

四、蹲下来倾听,站起来办事,践行"民政为民、民政爱民"理念

民政人的天职就是为老百姓办事,群众的事就是我的心头事、头等事。为了掌握群众的真实情况,我主动走村串户,积极深入群众,一年来写了 18 万余字的驻村日记,记录了"老表"的诉求和自己的想法、做法。去年 6 月份,在我走村串户时,老太太王某某拦住我说,你为"老表"办了很多好事,也给我们家办件好事吧。我蹲下来,问她具体什么事。她说自己已经 70 多岁了,和儿子(叶某某)住在一起,想用儿子的名字建新房,报上去两年了,跑了好多

趄,到现在手续还没有办下来,请我帮忙尽快把手续办下来。我当即给她在外地务工的儿子打电话,进一步了解情况后,回到村委会我就约上村干部到镇政府有关部门反映这个问题。通过沟通协调,当年10月份她家就住上新房了。老太太的很多邻居说,如果不是我把她的事放心上,雷厉风行地帮忙解决,她家的房子再过10年也建不好。工作中我始终抱着"民政为民、民政爱民"的理念,俯下身子听群众的意见,脚踏实地为村民办事,树立了良好的民政部干部形象。在罗某某外出务工不在家的情况下,我找人帮他家修好漏水的房子后,他的聋哑母亲逢人就指着我的照片竖起大拇指。在我的带动下,村两委班子成员的作风也发生了很大的改变。现在,村民一致认为,村干部为民服务的氛围浓了、意识强了,能力也提高了。

一年来,我感觉为村民做的工作还很不够,但是组织上及当地村民却给了我很高的认可。县委授予我脱贫攻坚优秀第一书记、优秀村党组织第一书记等荣誉称号,吉安市电视台新闻节目、吉安市委办的《攀登》杂志等也做了专门宣传。我最看重的是,在满意度测评中,群众多次给予100%的满意。在脱贫攻坚一线工作过的都知道,这个挺不容易的,就拿七岭村魏某来说,我第一次到魏某家,我问他:"如果上级领导问你对第一书记满意不满意,你怎么回答啊。"他说:"我不说满意也不说不满意。"我问:"为什么这样说呢?"他说:"说满意吧,你没有给我什么好处,我也的确没有得到什么好处,另外如果你违法乱纪了我还要跟着负责任;说不满意吧,你也没有伤害我,没有对不起我的地方。"第二次去他家,他说我只要给他个低保,他就对我满意。第三次见他是村里低保评定,我专门去了他那个组上,并要求严格按照政策评定低保。第四次和他见面,是在七岭村召开的贫困户脱贫攻坚会上,会议结束后,他拉着我的手说:"赵书记,如果以后上级来检查,我对你 100% 满意。"另外,我申请的脱贫攻坚课题也获得了国家社会科学基金立项。

我觉得,这些成绩的取得主要得益于部党组关怀指导,黄部长、唐副部长等部领导多次接见我,亲切关心我的生活,强有力地指导我工作,同时部里还安排社会组织参与到扶贫工作中。部领导的关怀,让我无时无刻不感觉到心里有舵、脚下有路。另外,学院领导和社管局、财务司、人事司等司局的领导,也给予了我无私的关心和支持。在此,请接受我诚挚的感谢。

盆珠村脱贫后,组织安排我到七岭村任第一书记。到七岭村后,部直属机关党委支持党建经费 2 万元,学院在经费困难的情况下给予了 6 万元的支持。

在接下来不到一年时间里,我将不负组织重托,一如既往地履行好第一书记职责,不忘初心,牢记使命,竭尽全力,攻坚克难,为七岭村,也为遂川县如期脱贫、全面小康贡献自己的绵薄之力。

汇报完毕,感谢各位领导!

汇报人:赵康

2018 年 7 月 13 日

既来之则安之，把"小车"推到战场最前线 *

尊敬的柯部长、各位领导、第一书记同仁，下午好：

我是赵康，是民政部派驻泉江镇盆珠村的第一书记。感谢柯部长、组织部各位领导对我生活的细致关怀和工作的大力支持，以及给我今天发言的机会。

一、既来之则安之

为落实党中央国务院打赢脱贫攻坚战的战略部署，民政部党组决定委派一位副处级干部到遂川县"十三五"贫困村挂职第一书记。单位（北京社会管理职业学院）领导找我谈话时，我平淡地说：服从领导安排。我为何这种态度呢？原因有二：一是我是副教授（套级别也是套副处，某些方面的待遇比副处还高），做学问是我长

项,做贫困村的第一书记,我心里没底;二是我是党员,"执行党的决定"是我义不容辞的职责。所以,我没有其他挂职第一书记的同仁们那么兴奋、那么高调,但是我迈出了踏上脱贫攻坚之路的坚定步伐。

2017年3月30日到盆珠村后,我住在村委会,熟悉了卧室(也是办公室)、厨房、卫生间,坐在办公桌前,一下子想起20多年前大学毕业的单身生活。但是,那时是从农村到城市,自然环境、生活习惯没有太多变化,下班后有好几个高中、大学同学、好朋友可以经常相聚;现在是从城市到农村,自然环境、生活习惯有很大变化,没有亲朋好友,人生地不熟。怎么办?既来之则安之!记得第一次回单位,有同事问我在那边还好吧。我说:工作还好,就是比单位累得多。他问:生活怎么样,习惯吗?我说:这样说吧,我在这边一周洗澡不到3次,在那边每天洗澡3次,不是我勤快了、爱干净了,而是那边天气热而潮湿;我去了将近2个月了,90%以上是我自己做饭吃,但是我只炒过2次菜,常常是青菜煮面条、青菜煮稀饭,不是我懒,是我事情太多了,没时间做饭、洗碗、刷锅。

二、把"小车"推到战场最前线

组织信任我,我也不辜负组织的信任。既然到了脱贫攻坚第一战场,就要把"小车"推到战场最前线!脱贫攻坚的艰辛,大家都有相似的切身体会吧,这里就不赘述了,谈几件我自己认为的盆珠村党员和群众给我100%的"优"和100%满意的评价吧。

一是,用"老表"听得懂、爱听的话说话,用行动带动行动。就拿"两学一做"学习教育来说，我先讲历史上革命先烈的事迹和当今优秀党员的先进事迹；同时也讲历史上汉奸、叛徒及当今个别贪污犯等败类给中国革命和社会建设带来的伤害。通过这种正反面事例的对比，适时地把"党章和系列讲话"穿插进来。最后拿起扫把带动党员一起做义务劳动，打扫村内街道卫生。

二是，村情民意，只有在得到村民认可的时候才能了解真相。我找村民抛荒的一块地种菜、把贫困户退给我的鸡鸭养起来、到农户家吃饭等，这些都不是目的，也不是为了休闲享受，而是通过这种方式拉近与村民的距离，同时了解不一样的信息。例如，为了增加村集体收入争取上级项目时，村两委有人说蔬菜大棚、山场改造、村集体加工厂等都是好项目，我就是在种菜、喂鸡鸭、到村民家吃饭过程中聊天，了解到"光伏发电"最可靠。目前看，"光伏发电"在村里认同度最高。

三是，公平理事，耐心说服。冯某某是盆珠村最难说话的三人之一，在盆珠村他是我做工作最多的一位村民。去年6月份评低保，46人投票（其中一位党员是他妻子堂叔，还有一位组长是他堂哥），他一票没有得到，到村委会门口大喊大叫，我给他做说服工作，周边的村民都过来劝他说赵康书记给你解释这么多都是为你好，你怎么这么不听劝呢。4月7号，他邻居家的土坯房拆除后想靠他家墙砌墙，40厘米就够了，他不愿意，非要邻居另外砌一堵墙，而要按他说的砌那一堵墙需要15米左右。问题是他和邻居共用一条下水道，如果邻居按照他说的砌墙，那么如果下水道堵塞，就没办法清理，下水道不清理冯某某家房子受害要比邻居家大很多。他邻居让我做做冯某某的工作，我先做他儿子（27周岁了）的工作,先后做通了他儿子三次工作,但是每次都被冯某某搅黄,其间还让他儿子的舅舅做冯某某的工作,都没有成功。第四次,我先写了一份协议,一条一条地给他解释,他完全理解明白后终于同意了,并且说了很多感谢话。他儿子当时就说,赵书记你是个好书记,我一定给你送个匾以示感谢,第二天还专门给我发短信表示感谢。

四是,蹲下来倾听,站起来办事。去年6月份,我在走村串户过程中,碰到一个老太太王某某,她拦着我问是不是赵书记,我说是。她说,你为村民办了很多好事,也给我们家办件好事吧。我蹲下来,问她具体什么问题。她说自己已经70多了,和儿子(叶某某)住在一起,户口也在一起,现在想用儿子的名字建新房子,但是两年了,现在也没有办下来手续。我当即给她在外地打工的儿子打电话,进一步了解情况后,回到村里我就约上驻村干部到镇政府有关部门反映这个问题。罗所长把政策解释后,我给老太太儿子打电话说明情况,告诉他需要怎么样办理手续。他家的房子10月份就竣工了。每次经过他们家门口,不论老太太还是他们家孩子都有拉住我说几句话,给点花生、米果之类的。

五是,帮助需要帮助的人,帮他们帮到实处,他们赞美你传播的速度和范围超出你的想象。在盆珠村,刘某某是大家公认的穷、懒、馋。去年7月份,他们家门口修通组路,我特意给施工单位说给刘某某留份活干。一天中午,我去看施工进展情况时,问刘某某为何没有来干活,施工队说,他嫌累干不了,我说有轻一点的吗?施工队说,让他洒洒水,看着路面别让人走这上面,给他的钱和别人一样多,他都不干。正说着,刘某某提了两瓶啤酒过来了。我问他是否属实,他说属实。所以,村两委不怎么想管他的事。在7月份修路时我告诉他,你可以让修路的挖机帮你挖个坑,用修路的水泥,修建一个厕所,建好后还有补助,也就是你自己不用怎么花钱就建了卫生厕所,但是他就是不动手,家里厕所问题一直没有解决。去年11月份,民政部给了一点贫困户慰问金,我坚持把这钱给刘某某让他修厕所。村委会成员说,你给他他一定把钱吃了,也不会修厕所。我让妇女主任拿着这个钱,他干好那部分活让妇女主任替他付钱。刘某某家厕所建好后,最少有3个人见我就说,你真是办了件大好事,你不在这,他家到死也不会建厕所。

汇报完毕。谢谢领导!

盆珠村第一书记:赵康

2018年4月13日

在全县纪念建党 97 周年暨作风建设推进会上的发言

各位领导、同志们：

我是国家民政部派驻干部赵康，2017 年 3 月经组织选派在泉江镇盆珠村任第一书记，今年 5 月又根据组织安排调整到戴家埔乡七岭村任第一书记。到遂川驻村扶贫一年多来，感谢县乡/镇党委、政府及村里对我工作生活的关心支持，让我全身心投入工作，通过自己的努力，为村里做了一些工作，也赢得了群众的认可，在县、乡/镇多次群众满意度调查中，都获得了 100% 的满意度，包括县组织部刚刚对七岭村贫困户满意度测评。

借此机会，我谈三点工作体会。

一是只要真正沉下身子，没有克服不了的困难。说实话，谁家都有这样那样的困难，只是程度不同而已。但是，作为一名党员干部，组织的要求，领导的信任，我们没有理由不服从，而是要克服困难完成组织交给的任务。

在盆珠村的 1 年多时间里,我住在村委会,坚持自己做饭,尽量不增加村里负担。在七岭村,由于村委会吃住不方便,乡领导让我吃住在乡政府,但是我认为七岭村居民太分散,两个远的自然村距离村委会五六公里,在乡政府吃住不利于开展工作,10 天后,我就搬到贫困户家里住了,计划每个自然村先住上 1 个月。

在盆珠期间,和年轻人交流还是比较顺利,但是和 60 岁以上的老年人交流就困难,可是需要交流的往往是老年人。在戴家埔乡七岭村,和中年人交流就有困难,打电话时几乎听不懂。

我是怎么克服这些困难的呢? 一句话:静下心、沉下身,努力工作。

当然,我也会想点其他办法,例如我在盆珠村期间,在村委会对面的河边上种了些蔬菜,在一个小山坡上养了 20 多只鸡鸭,这些不论是拍成照片发给亲朋好友看,还是和村民聊起来,都会感觉这是我的家。

二是只要真正用心用情,没有交流不了的群众。我在盆珠村和七岭村的 1 年 3 个月时间里,记录了 18 万余字的驻村日记。这些日记内容都是"老表"的诉求,自己的做法,给老表的解释,以及自己做事中存在的不足。对"老表"的诉求,能解决的尽量及时解决,需要上报的及时上报,不能及时解决的给予合理的解释。当然,有的诉求是解决不了的,例如享受了安居工程还要享受土坯房高标准维修,对这些解决不了的问题,就讲明政策。"老表"给我打电话咨询问题,我无一例外会在两天内给予回复。如果我不在村里,有人给我打电话,我听不懂的,我会让村干部去了解情况,及时反馈给我,我能解决的及时解决,并且我回到村里后,会第一时间到他们家里走访了解情况。

2017年6月份,我和县帮扶干部走访时碰到一个非贫困户,他以为那位干部是上级来检查工作的,就跟那位干部说,赵康和村干部"穿一条裤子",不给村民办实事。我不但没有计较,还耐心倾听他的诉求。后来我到七岭村任职,他多次给我发微信表示舍不得我离开盆珠村。所以,只要真正用心用情、多一点耐心和群众沟通交流,他们会理解的。

三是只要真正公平公正,没有处理不妥的事情,这里举两个例子。一是关于满意度。我第一次到魏某家,我问他,如果上级领导问你对第一书记满意不满意,你怎么回答啊?他说,我不说满意也不说不满意。我问,为什么这样说呢?他说,说满意吧,你没有给我什么好处,我也的确没有得到什么好处,另外如果你违法乱纪了我还要跟着负责任;说不满意吧,你也没有伤害我,没有对不起我的地方。第二次去他家,他说我只要给他个低保,他就对我满意。第三次见他是村里低保评定,我专门去了他那个组上,并要求严格按照政策评定低保。第四次和他见面,是在七岭村召开的贫困户脱贫攻坚会上,会议结束后,他拉着我的手说:"赵书记,如果以后上级来检查,我对你100%满意。"说实话,我对魏某没有任何特别照顾,低保他也没有评上,这个100%满意靠的是公平公正,一身正气。二是七岭村6月份评低保。我要求:首先,村两委班子成员把村里无异议的贫困家庭,先挑选出来,确保他们能评到低保,但是有一条,谁挑选谁负责,所谓"负责"就是在村民评选时不能有异议。其次,把"其余"低保名额按人数分到各组评,同时把村干部预选的低保名单拿到各个组上问大家是否有意见。最后就是召开村民代表大会评议。低保名单公示 2 个星期后，我问当了 20 来年的村干部，今年低保评定是否有有意见的。他说 20 多年了，从来没有像今年这样既不到村里也不到乡里闹事的。所以，只要做到公平公正，群众是不会无理取闹的。

下一步，我将不负组织重托，一如既往地认真履行好第一书记职责，不忘初心，牢记使命，竭尽全力，攻坚克难，为七岭村、也为遂川县如期脱贫、全面小康贡献自己的绵薄之力。谢谢大家！

戴家埔乡七岭村第一书记：赵康

2018 年 7 月 1 日

这个北京干部"冇啦哇"

——民政部委派"第一书记"赵康帮扶遂川县盆珠村脱贫纪实*

2017年3月30日,国家民政部委派优秀干部赵康来到遂川县盆珠村挂职"第一书记"。遂川是革命老区,也是国家14个连片贫困区中的贫困县之一,盆珠则是"十三五"时期国家级贫困村,距北京1600多公里,气候、饮食、方言等差异较大。

毕竟是部委下派干部,当时在县直单位和盆珠村引起了不小轰动,同时诸多疑问也成了茶余饭后议论的话题。他吃得了这里的苦吗?能适应这里的生活吗?能和村民沟通交流吗?能得到村民的认可吗……

在遂川方言里,"冇啦哇"是很好、过硬的意思。在盆珠村、七岭村,干部群众都对这个来自北京的扶贫干部赵康竖起大拇指:

---

* 原载《井冈山日报》2018年8月8日。

"冇啦哇!"

静静扎根：了解村情民貌

初来乍到,赵康婉言谢绝县、镇领导让他吃工作餐的好意,孤身一人在村委会安顿下来,吃、穿、住、洗、刷、涮全是自己动手,不仅如此,还在村委会对面的河边上开荒,种上了足够自己吃的蔬菜。

头一两个月里,赵康和其他村干部一起,提笔查表整理贫困户资料、扯线牵绳测量危旧土坯房、提锤楔橛规划通组路,尽职尽责陪上级检查组到场、入户检查各项脱贫攻坚项目。同时,他也不忘订个小计划——每天走访5至8户贫困户。

每次下村,赵康都重复着规定动作:看米缸,看是否有人为吃而发愁;掀被褥、开衣柜,看是否有适合季节的衣服和被褥;看房顶和墙体,看是否有裂缝、漏雨现象;问健康情况,确保医疗有保障;问孩子上学情况,确保适龄学童不失学;问家庭劳动力、非农就业、家庭收入主要来源,掌握家庭收入情况。此外,赵康还坚持每天晚上和村民结伴走路、散步,聊家长里短,聊国家好政策。

不到2个月的时间里,赵康整理或查阅了所有贫困户的档案资料,走遍了全村角角落落,走访了所有122户贫困户,到过三分二以上农户家里,认识的村民比一般村民认识的都多,记下了5万余字的驻村日记。

默默行动：潜移默化影响周边人

通过近2个月的走访调研,赵康发现,这里的小农意识还是挺浓的。他决定尝试改变。

首先,以身作则,不占村委会一分钱便宜。赵康吃住在村委会,在米面油菜都是自己解决的情况下,他坚持交水、电、气等费用,就连村干部不声不响给他买了土特产,都坚持照价付钱,否则他买原物交回村委会。

在盆珠村,村民对赵康非常熟悉,也非常友善,常常拿地里产的花生、玉米、沟渠里捉的鱼、泥鳅,自家的鸡鸭蛋给他,他都高兴地收下,但是前提条件是必须按照市场价付钱,叶诗平给了 5 斤花生,他送回 25 元钱;冯贤桢家 15 个鸡蛋他给了 22.5 元……开始时,村民不理解,认为赵康"看不起"他们。后来才发现,赵康是太讲原则。

赵康时刻把特殊家庭的事情挂在心上。刘氏兄弟两户贫困户,哥哥 50 岁,视力一级残疾,近乎双目失明,单身;弟弟 47 周岁,体弱无力,视力三级残疾,妻子智力障碍。三人中,唯有弟弟算有劳动能力,却有点"好吃懒做"。刘氏兄弟家最尴尬的就是家里没厕所,每天早上一起床,智障的弟媳就往外跑,哥哥则"就近解决"。赵康找到村干部,建议走程序帮他们申请 2 个卫生厕,由村里代建,补助下来后再付给施工队。村主任连忙摆手,说:"不行,钱一到他们户头,就别想拿出来,之前出现好几次了。"

之后,有帮扶单位给盆珠村 20 户深度贫困户捐赠 2 万元,户均 1000 元,赵康建议捐款必须先建卫生厕。在征得兄弟俩同意后,由村妇女主任先保管钱,建完如有剩余,再返还给他们。卫生厕建好后,周边村民都夸:"赵康,这件好事可是大伙都受益啊!"

赵康这样做的目的,就是要让村干部和村民意识到:公私分明、公平交易、互相帮助和懂得感恩,这是新时代村干部和村民的行为准则。有人认为这和脱贫攻坚没什么关系。赵康说自己的这些做法就是在践行习总书记提出的"扶贫要和扶智、扶志相结合"讲话精神。

狠狠较劲:啃下一块块脱贫硬骨头

赵康明白,查缺补漏,首先要解决"两不愁三保障"。只要把住房保障解决了,盆珠村脱贫就基本没有问题了。为此,他逐户排查,对可以高标准维修的给予高标准维修,对需要拆旧建新的申请指标拆旧建新。一年来,盆珠村高标准维修土坯房9栋,新建安居工程17户。

常年外出务工的冯春生看到家乡日新月异的变化,于是萌生了回乡创业的想法。刚巧,赵康在村委会门口碰到了准备回乡创业的冯春生。闲聊中,冯华(化名)发现这个北京来的赵康对村情了如指掌,就问:"我想回来给我们村里做些事,有什么好的发展项目没有?"赵康说起自己在县城买龙虾的经历,并建议他说:"你常年在外务工,还跑过营销,现在中西部农村是发展的大好机会,你有机会可以到别处看看,了解了解情况,回村里养殖龙虾。"冯华点点头:"这确实是好想法。"1个多月后,冯华再次找到赵康:"养殖龙虾确实可以,我去看了周边地市县养殖龙虾基地,感觉很有发展前途,并且也找到了合伙人,他已经养殖了1亩多田的龙虾。"赵康积极帮助冯华向上争取项目扶持、找到合伙人、吸纳贫困户入股。

如今,养殖基地已经建了起来,养了 10 多亩地的龙虾。

粗略算下来,盆珠村这一年,重修 1 座桥,重修公路 150 米,新建通组路 3 条共 2580 米、入户路 36 户 1300 米,群众喝上了干净卫生安全的水,改造污水沟 1921 米,水冲厕 33 所……

脉脉交流:蹲下来倾听,获民情解民忧

蹲下来倾听,站起来办事,赵康很信奉这个道理。2017 年 5 月,在赵康走村串户时,碰到一个老太太,她拦住赵康说,你为村民办了很多好事,也给我们家办件好事吧。赵康蹲下来,问她具体什么问题。她说自己已经 70 多岁了,和儿子住在一起,户口也在一块,现在想用儿子的名字建新房子,两年过去了,还没有办下来手续。赵康当即给她在外地打工的儿子打电话,进一步了解情况后,回到村里约上驻村干部到镇政府有关部门反映这个问题。通过沟通协调,她家的房子当年 10 月份就竣工了。

八方求援,解民困解民忧。在和村民聊天的过程中,赵康发现村内儿童放学、放假没有去处,尤其是放假孩子到处乱跑,一不小心就有溺水等风险,另外村内老年人没有集中聊天、休闲的地方。赵康为发展村集体经济设计了光伏发电项目,为老年人、儿童设计了关爱老人儿童活动中心项目,为引导孩子学业和娱乐设计了"童伴妈妈"项目,为生产发展设计了生计发展项目,为村民安全设计了减灾防灾培训中心,等等,共设计了 16 个项目,并撰写了 2 万余字的项目申请书,积极向中国社会福利院、长江商学院基金会、中国慈善联合会等 70 余家社会组织争取了项目经费支持……

美美收获:脱贫!双百!杠杠的!

如今,一年多过去,当初对赵康能否当好第一书记的怀疑,现在盆珠村的老表们用行动给出了答案。

2017 年年底,遂川县委组织部对全县第一书记匿名电话测评,赵康获得盆珠村贫困户 100% 满意的评价;2018 年 4 月底遂川县各局委交互督查时再次获得贫困户 100% 满意的评价。2017 年底泉江镇党委对第一书记考核中,盆珠村参会的 37 位党员在赵康不在现场情况下给予 100% "优" 的评价。

5 月 17 日,天津社会组织 SOS 儿童村副秘书长在微信朋友圈写道:"我们今天到盆珠村,赵康两天前已到另一个村履新了,我们所到之处无不说他好,有个聋哑老太太指着墙上第一书记赵康的相片,竖起了大拇指!民政部委派的第一书记杠杠的!"一位聋哑老太太能做出这样的表态,和赵康素不相识的社会组织领导能做出这样的评价,可以想象赵康所做的工作初衷是既不为名也不为利,但是却赢得了老百姓、社会各界的高度评价,他确实 "冇啦哇"。

今年 2 月,经过国家、省扶贫办验收,盆珠村顺利脱贫。

5 月,组织决定安排赵康到更艰苦的地方——距离县城 65 公里的山区戴家埔乡七岭村挂职第一书记。当初征求他的意见时,他毫不犹豫地说,组织的意见就是他自己的意见。

另外,赵康已经写了 18 万余字的驻村日记,详细记录了村情民貌、农户诉求及干群、邻里关系等,为今后研究乡村振兴工作打下了坚实基础。今年 6 月份,他撰写的 "深度贫困户的精准识别和精准施策研究" 课题获得了国家社会科学基金立项。

图 9　赵康(右)与支部书记讨论高标准农田建设规划

为什么忘不了第一书记赵康

——记民政部派驻江西省遂川县盆珠村第一书记赵康

黄存平（江西省遂川县委办公室）

笔者经过几番波折后，终于在遂川汽车站见到了赵书记，他的头发有点乱，但眼睛里充满了神采。原来，他昨天傍晚从北京至遂川县城，途中多次转车，连续奔波1600多公里；接着，他又将马不停蹄地赶往他第一个帮扶的贫困村盆珠村。

"2018年12月10日，我接到县扶贫办的通知，七岭村顺利通过吉安市脱贫验收，这是我来遂川县帮扶的第二个'十三五'国家级贫困村脱贫。"驻村第一书记赵康通过微信告诉笔者，2017年3月，他受组织选派从民政部直属院校北京社会管理职业学院到遂川县泉江镇盆珠村担任第一书记。从教育系统到扶贫领域，从高校教授到基层扶贫一线任驻村第一书记，赵康积极转变角色，对照驻村"第一书记"的工作职责，结合驻村的发展实际，带领该村贫困群众脱贫致富。

治村脱贫要靠什么

赵康到盆珠村头一两个月,和村干部一起整理贫困户资料、扯线牵绳测量危旧土坯房、提锤楔橛规划通组路;访遍全村 122 户贫困户,走访了全村 2/3 以上的村民了解村情民貌。"贫困村脱贫的首要任务是'思想脱贫'。"赵康决定抓党建、抓村民思想转变!

赵康将党建工作贯穿到日常工作中。他通过购买大量的图书、到有关党委政府官网上学习、访谈老党员等方式,把党史、党章、"十九大"报告等官方文稿编辑成小故事,通过多媒体 PPT 的形式呈现给大家;从网上下载专家讲座、脱贫致富视频播放给大家观看,加上他神采飞扬、深入浅出的讲解,激发出村干部和村民大干一场的豪情壮志。

"我误会赵书记了,真的有点不好意思。"盆珠村农户冯某给赵康送去 15 个鸡蛋,赵康给了他 22.5 元钱,他很不理解,以为是赵书记和他"见外"了;后来,他才发现,赵书记之所以这样做,是因为赵书记把"公开、公平、公正做事的原则"融入生活中,目的就是让村干部和村民意识到:公私分明、公平交易、互相帮助和懂得感恩。

赵康时常在晚饭后与村干部一起散步、交流思想、讨论工作;碰到村民,热心上前攀谈:生活得怎样? 遇到什么困难吗? 对村里的工作满意吗? 一段日子后,村干部和村民的思想,被这个从北京来的教授潜移默化地影响了。

之前,村民很少知道村里在干什么、会干什么、能干什么。正是由于缺乏了解沟通,涉及村民利益较多的拆除危旧土坯房、评定低保等历来是农村的老大难问题。

"赵书记亲自前往村民小组,明确评低保等工作的原则和标准,村民对工作知情,也就再无异议,更没人上访。他有文化、有思想、有水平,办法多,我从他身上学到了很多。"盆珠村支部书记冯运华说。冯运华之前是村里的会计,2018年初换届时当选支部书记。"2018年初,没用镇政府、帮扶单位一个人,村里顺利拆除危旧土坯房、废弃牛栏旱厕8000多平方米,征集公益用地3.5亩,评定低保等,没有一人闹事、上访。这要归功于村务公开,也是我从赵书记那里学到的。"

"村党组织、村两委增强凝聚力,党员干部提高集体意识、担当意识、实干意识、模范带头意识,公开、公平、公正做事,问题就迎刃而解了。"一位老党员这样评价赵康书记一年多时间里带给盆珠村的明显变化。

户脱贫、村退出靠什么

之前盆珠村申请过高标准农田改造项目,但最终遗憾放弃了。赵康走访了解到"村民对村干部不信任"是导致放弃项目实施的关键原因。为解决这个问题,他引导村里成立村民理事会,专门负责高标准农田改造的全过程,并以村委会和理事会的名义同村民签订相应的保障协议,给大家吃下"定心丸"。村民了解了农田改造项目的情况,协议很快就签订了,项目得以顺利实施。对赵康,村民们举起了大拇指:"北京来的教授,做工作为了群众,相信群众,依靠群众。"

盆珠村河多水深,留守儿童一到周末、节假日就到处乱跑,既不利于学习,也不安全;很多空巢老人缺少陪伴,常常孤单地倚在自家门口……针对这种现象,赵康向民政部人事司反映,希望修建以关爱老人儿童为主的村民活动中心。时任吉安市委常委、副市长了解情况后,积极协调社会组织捐赠100多万元。

活动中心投入使用后,成了人们心目中休闲娱乐、聊天谈心、活动身子骨的首选地;周末节假日,成了孩子们的乐园,有"童伴妈妈"辅导学习、陪同玩耍。"表面上解决的是老人和儿童的问题,实质上解除了青壮年发展生产、外出务工的后顾之忧,村民的幸福指数也相应提高了。"赵康说。

"盆珠村集体经济年收入不足1万元,这限制了村里的各种活动。"赵康借助国家支持发展光伏发电项目的时机,向民政部人事司反映,希望修建光伏发电项目增加村集体经济收入,用于帮扶贫困户并开展党建及关爱老人儿童等活动。民政部领导高度重视,积极安排有关司协调社会组织捐赠了30万元经费。光伏发电项目建成后,村集体经济收入每年增加六七万元,直接助力贫困户脱贫,为党建活动,为组织关爱老人、儿童等活动提供了经费保障。

赵康来遂川任第一书记以来,先后撰写了16份发展项目建议书,与70余家社会组织联系;回北京后,自费和社会组织联系、争取项目资金。截至目前,先后落实了光伏发电项目、关爱老年人和儿童活动中心、产业发展基础设施建设等项目,争取各类资金300多万元。

"第一书记,位不高、权不重,但他链接着顶层一公里和基层一公里,依靠组织的力量,嫁接好资源,搭建平台,引导大家利用好平台,就是我当好第一书记的'法宝'。"如何当好第一书记,赵康这样说。

最可爱的人靠谁评

"赵书记,您那比我这要冷,多注意身体。"

"谢谢! 最近好吗?"

"还行,天天做工地。"

"好事哈,天天有活干,挣钱多。"

"生活就要做事,有时间欢迎您来我家玩。"

……

这是赵康与盆珠村排上组一位村民的微信聊天记录,他早已与村民打成一片,融入这个集体中。

赵康熟悉了村情民貌,很快地融入这个大集体中:"我不能辜负了村民对自己的信任,一定要多干实事,用行动证明,用实践诠释;真正让村民看到村里的变化,生活条件得到改善,从中获得幸福。"

"建关爱老人和儿童活动中心,这是我盼了多年的事,"盆珠村村民老冯激动地说,"赵书记在村里一多年,为村里筹措资金,如今终于实现了。"

老罗曾是一名建档立卡贫困户,村里环境的变化让他印象深刻:"自从赵书记来村后,路修到了各家各户,还安装路灯,晚上也像白天一样明亮。现在大家都爱干净、讲卫生了。千言万语也难以表达我对赵书记的感激之情,我只能在今后用自己的双手、用努力工作来报答赵书记对我们村的帮助。"

"没有赵书记,就没有盆珠村的今天。"冯运华感慨地说,"赵书记为人朴实、做事踏实、生活简单,一心只为村里着想。他在村里任职期间,白天实地勘察、取证,晚上整理材料、撰写报告;遇到要做决定的事,从不会擅自主张,一定会征求村'两委'的意见和建议。"

村民的认可,让赵康备受感动。"他们打电话或发信息,对我表示感谢和嘘寒问暖,都能让我感动好几天。新时代,新使命,新征程。把工作做到老表'心坎'里是检验我们工作的最好标准。"

后　记

2016年年底,单位组织人事处负责人找我谈话,问我是否愿意到江西省遂川县某村挂职第一书记,为期2年。我说,坚决服从组织安排。2年时间里,我任职第一书记的两个国家级贫困村先后脱贫。我是普通得不能再普通的人,既没有特别的远见,也没有先知先觉的智慧,更没有随手拈来的资源。日记付梓之际,抚思昔日之韶华,实在包含了太多领导、同事、当地干部和群众指导、帮助、支持和关心,谨以此致谢。

首先感谢民政部领导和部机关干部。时任民政部部长黄树贤两次面对面地指导我的工作、关心我的生活,给我留下深刻印象。民政部唐承沛副部长到我挂职的村指导工作,专门到我宿舍关心我的生活,在无人介绍情况下亲切地喊出我的名字、让我坐到他旁边,着实让我感动。机关党委人事司许立群司长、规划财务司王敏副司长亲自送我到驻地任职,许司长为我介绍金伟等优秀挂职干部的经验。挂职吉安市委常委副市长的刘振国副局长,帮我规划、设计、选址、筹措经费建设盆珠村关爱老人儿童活动中心。文国峰副司长指导我写发言稿。王晓东处长、王琦处长、许昀副处长等从组织角度为我解惑纾困,引导我设计扶贫项目,帮我联络扶贫项目经费。挂职遂川县委常委副县长的杨亮处长为我安排住处、帮我解决挂职村脱贫攻坚项目。

特别感谢学院领导和同事。学院党委书记、院长邹文开在我临行前,教我入乡随俗、求知躬行、尽早破题,形成完整的挂职村脱贫攻坚思路;驻村后,他教我调查研究、深入思考,寻找撬动挂职村脱贫致富的"杠杆"。学院党委常委副书记程伟带领学院组织部柴瑞章部长等干部到我驻村指导我开展党建工作。学院副院长赵红岗、科研处长陈洪涛指导我做好脱贫攻坚科研工作。

真诚感谢遂川县领导和基层干部。县委书记张智萍、县长肖凌秋到我挂职的两个村指导工作。和县法院卢和平院长偶遇后,我们成了无话不谈的挚友。时任民政局局长的曾建兵、副局长杨唐达、慈善办主任肖桂香等都在工作中结下了深厚的兄弟姐妹情谊。

真心感谢基层干部和村民。泉江镇、戴家埔乡领导、驻村干部等对我设计落实的驻村扶贫项目给予了支持和帮助。盆珠村两届两委班子成员、七岭村两委班子成员及两村村民,都不同程度地支持我的工作、关心我的生活。

由衷感谢父亲、妻子、女儿。两年时间里,聚少离多、对他们照顾不到,尤其是节假日不能团聚,他们都给予理解和支持。

需要感谢的人还有很多,只是篇幅有限,把他们都留在心里吧。

赵康

2020 年 4 月于北京